Winston Paloma

Das standesgemäße Extra
für
Renault-Fahrer

gemein - lustig - lebensnah

Illustriert von Oscar M. Barrientos

Eichborn.

Motto: Was trieb mich bloß dieses Buch zu schreiben?

Danksagung: Give a big hand to lovely Kattrin.
Und was hätte ich ohne Krischan und seine Geduld gemacht. Der Mann war quasi meine bessere Hälfte, besorgte Material, zig Fachbücher und ordnete das wenige Fachwissen, das mich zum angeblichen Fachmann abstempelt. Dank gebührt desweiteren Michael, Nasenbär, „Flinkhand" Willy, Werner und Kalle - na klar Biggi und den Kindern - sowie den vielen Kollegen bei der Fachpresse, die mit so wertvollen Tips ihr Übriges taten, um dieses Buch zu dem zu machen, was es ist.

Die Deutsche Bibliothek - CIP-Einheitsaufnahme

Paloma, Winston:
Das standesgemäße Extra für Renault-Fahrer : [gemein, lustig, lebensnah] / Winston Paloma. Ill. von Oscar M. Barrientos.
Frankfurt am Main : Eichborn, 1993
ISBN 3-8218-2289-9

© Vito von Eichborn GmbH & CO. KG, Frankfurt am Main, April 1993.
Covergestaltung: Rüdiger Morgenweck unter Verwendung einer Zeichnung von Oscar M. Barrientos.
Satz und Layout: KGB Kölner Graphik Büro / Michael Röhle.
Druck und Bindung: Fuldaer Verlagsanstalt GmbH.
ISBN 3-8218-2289-9
Verlagsverzeichnis schickt gern: Eichborn Verlag, Kaiserstr. 66, D-60329 Frankfurt 1

INHALT

Vorwort 5
Das Laissez-faire so richtig aus dir rauslassen

Historie 8
Jungs, die im Kreis fahren - von Opa Renault bis Nigel Mansell. Ideen aus dem Zettelkasten - chronische Krankheit seit den 20ern • Ein Schwächling zeigt seine Muckis - der 4 CV

Das Image 14
Vorspiel • Allgemeine Betrachtungen zum Thema „Haß oder Liebe - Renault und die Kunden" •

Die Tops und Flops von 1960 bis 1990 19
Ein Phänomen - der R-4 Die Hitliste der 10 beliebtesten Defekte, Probleme und Eigenarten • R 5 - ein Fünf-Punkte-Wegweiser für alle Kenner und solche, die es werden wollen • R16 - der Opa aller Hatchbacks - der Youngtimer der Zukunft • R 18, R 21, R 5 und andere - spezifische Erkennungsmerkmale von Renault-Mechanikern • Selbst für ein Feindbild zu fad - der Fuego mit Manta und Capri • Wird Twingo der R-4 der Zukunft? Ein Kurztest für Autokenner und Futurologen • Warum kaufen so viele intelligente, durchschnittlich talentierte Autofahrer R 19? • Clio - die fieseste Nummer aus dem Hause Renault. Und: Warum der R 5 geschützt werden muß • Ist der Renault 21 Nevada eine Spießerkarre? Mit (anonymem) Bekennerschreiben • Kann der Safrane (und Verwandte) wirklich ein französischer Mercedes sein? • Espace - die perfekte Tarnung für Verkehrsrambos mit moralischen Beschwerden • Alpine - die schnellste Möglichkeit, dem Renault-Image davonzufahren • Von dreckigen Pfoten - noch eine kleine Gemeinheit am Rande

Typologie 40
Wer fährt eigentlich Alpine? • Der Ex-Gigolo • Der treue Alpine-Freund • Der verklemmte Alpine-Freund • Der Spekulant • Wer fährt eigentlich R 5? • Die Durchschnittstussi • Der notorische Mittzwanziger • Der Überzeugungstäter (mit Weitblick) • Der Knickerige • Wer fährt eigentlich Clio? • Die Schickse • Der Möchtegern-Yuppie • Die Sparerin (abgründig) • Das Statistik-Schwein • Wer fährt eigentlich noch R-4? • Der ewige 78er • Der Handwerker/die Handwerkerin • Oma und Opa mit Charisma • Reto Duckmann • Wer fährt eigentlich Espace? • Der ewig unter Druck stehende Familienvater • Die erfolgreiche Fotografin • Der gesetzte Geschäftsmann • Der Marktlückler • Wer fährt eigentlich Twingo? • Der Öko (Überzeugungstäter) • Der Leidende • Die heiße City-Mieze • „Modell Biggi"

Wer fährt eigentlich R 19? • Der Durchschnittie 01 (Ost, mit Franzosen-Flair) • Der Durchschnittie 02 (West, ohne Flair) Spießer •Die bekennende R-19-Liebhaberin • Wer fährt eigentlich Rapide? • Der Notgedrungene • Der Heißersehnte • Die professionelle Tupperin • Der/die Wohnungssuchende • Wer fährt eigentlich R 21? • Doktor Griesgrämig • Chefeinkäufer des Modehauses Blixen • Onkel Herbert und Tante Ilse • Der Preisausschreiben-Gewinner • Wer fährt eigentlich R 19 Cabrio? • Der Henkel-Hasser • Der ewige Freizeitler • Die Bestochene • Der Alleshaber/die Alleshaberin • Wer fährt eigentlich Safrane? • Der salon-Sozialist mit Platzbedarf • Der namenlose Mittelständler • Der Schulleiter • Der Formel 1-Freak • Wer fährt eigentlich Nevada?• Der/die Kinderreiche • Der Kleingärtner • Der Verarscher • Die Vergewaltigte

Das fröhliche ABC für alle Renault-Fans 65
abschreckend, animierend, alarmierend. •Von A wie „Abschleppen" bis Z wie „Zahlen"

Astrologie 79
Sage mir, auf welchem Stern du lebst und ich sage dir, welchen Renault du fährst Stier - die Ruhe weg im Nevada • Zwilling - wenn der Narziß im kleinen Twingo • Krebs - Schonbezüge aussaugen im R 5 • Löwe - bin ich Heinz? Lieber einen Safrane • Jungfrau - Fahren auf lau im Renault 21 Beverly • Waage - Protzen is' nich', dann lieber ein R 19 Cabrio • Skorpion - Rumgurken mit Bohrmaschine im Rapide • Schütze - Salonfranzosen rasen im Espace • Steinbock - Biedermann voran im R 19 • Wassermann - wegen oberaffengeiler Werbung den Clio Fische - radikalsozialistisch im R-4 • Widder - über die Fahrbahn rubbeln im Alpine

VORWORT

Das Laissez-faire so richtig aus dir rauslassen

Renault - nur eine Automarke? Irgendwie doch mehr. Synonym für „Frankreisch, Frankreisch". Die Automarke mit den Vehikeln, die für laissez-faire stehen. Assoziationen gehen uns durch den Kopf. Herrlich laue Sommernächte in der Camargue - auf dem Beifahrersitz das Baguette, den Bordeaux und die schöne Bernadette. Und es kracht so wunderbar unmelodisch, wenn die Pistolenschaltung vom R-4 den ersten Gang reinwürgt, damit das kantige Gefährt nicht den Abgrund ins Meer hinunterrollt. Und dann schwingen dich die halbkaputten Stoßdämpfer in das Himmelreich der Liebe. Voilà Feriengefühle. Renault-Gefühle.

Im Lande der Münchner Nierenschwemme und Stuttgarter Sternparade fahren immer mehr Menschen - welch Vaterlandsverrat - Wagen der Franzmänner. Besonders die konsumfreudigen Ossis, die jahrzehntelang das Gefühl der Fremde entbehren mußten. Nun erwerben sie mit ihrem Clio oder dem R 19 gleich den frischen freien Pariser Duft mit. Echte, nationalbewußte Freunde sportlicher Autos, zum Beispiel aus der Schmiede des alerten Herrn zu Kuenheim - gesprochen Kuhnheim -, also BMW-Fahrer, zucken natürlich verächtlich mit den Schultern, wenn es um die frankophilen Fahrzeuge geht: „Die liegen nicht auf der Straße, die wiegen sich auf der Straße", so der Kommentar.

Wer Renault fährt, liebt eben die südländische Art, läßt alles auf sich zukommen. Manchmal auch die Leitplanke, wenn die Bremsen wieder einmal - wegen der ewigen Fertigungsmängel - versagen. C'est la vie - so ist nun mal das Leben eines Renaultfahrers. Vorurteile? Renaultfahren hat einfach was mit frankophilem Lebensgefühl zu tun. Dazu gehört ein imageförderndes Gefährt. Man muß sich ja bewußt vom Deutschsein distanzieren.

Was schert es einen, daß die Vertrags-Werkstätten erwiesenermaßen schlampig arbeiten - wie Tests ergaben. Was kümmert es einen, daß der Kundendienstmann bei Renault milde lächelt, spricht man das nervtötende Quietschen der Bremsen an. „Da arbeitet das Werk dran", so die beruhigende Auskunft. Überhaupt diese Zentrale in Brühl. Ein sagenumwobenes Örtchen im Rheinland muß das sein. Der Sitz der Deutschen Renault-Strategen - Keimzelle pfiffigsten Marketings. Eine Glanztat schon, was sich die Damen und Herren ausdachten: Autos zum Leben. Das zeugt von Weitsicht. Markenpflege und Eindeutigkeit des Slogans beeindrucken. Denn: Daran ist nichts verwässert, klare Sprache. Wer würde auch das Gegenteil denken: Autos zum Tod?

Nur eines ärgert dann doch öfter den markenbewußten Fahrer: Nehmen wir einen x-beliebigen Espace-Fahrer. Sieht er in seine Zulassung, steht da kein Wort von Renault. Matra lautet der Eintrag. Die Zweitmarke als Etikett. Wie soll man es der Sachbearbeiterin beim Versicherungsmakler erläutern? Sie muß glauben, man habe womöglich etwas mit der wahrlich nicht sehr aufregenden, längst untergegangenen Marke Simca - aus der Ex-CSSR - zu tun. Immerhin bauten die einmal Matra-Simca-Fahrzeuge.

Bewegt war sie, die Geschichte der Weltfirma Renault. Auf und nieder, immer wieder, so ging es zu in der Historie. Und da ein anständiges Buch immer mit den Anfängen eines Unternehmens beginnt, soll das auch hier so sein. Verworren wie die Firmengeschichte nun mal ist, beschränkt sich der Autor aufs Wesentliche. Und so dürfte auch der Vorstand der Deutschen Renault beruhigt sein, der vermutlich noch immer über die weltbewegende und geschäftsentscheidende Frage debattiert, ob der Rechercheur dieses Buches kopierte Auszüge aus firmeneigenen Archiven zugeschickt

bekommt oder nicht. Das sind entscheidene Fragen, die die Renault-Welt bewegen.

Imageprobleme? Iwo. Das war höchstens früher mal so. Der Autor kommt deshalb auch nicht umhin, diverse Flops und Modell-Krankheiten der Renault-Produktion aufzulisten. Dem geneigten Leser sei gesagt: Es gab sehr wohl sensationell gute Renaults. Sei's der Bestseller des Firmengründers Louis Renault um die Jahrhundertwende oder später so formschöne Wagen wie der Renault Floride, dieses wundervolle blecherne Geschöpf aus dem Jahre 1959, das die große Brigitte Bardot begehrte. Und auch fuhr. Scharfe Kanten vorn, steil ragende Flossen hinten, weit ausladener Bug und eine Schnauze. Da schnalzt der Renaultfreund.

Auch die sagenumwobenen Renaultwagen R-4 und R 5 fehlen nicht. Autos, die das studentische Leben der 60er und 70er Jahre aktiv mitgestaltet haben. Man denke nur an die praktische Kombifläche, die Platz für Plakate, Bierkisten und Marx-Engels-Bände bot.

Und dennoch: Das Image der Firma ist inzwischen eher verschwommen - eher profillos, ein bißchen Citroen, ein Schuß Volvo, etwas vom Peugeot - dies alles kommt ja nicht von ungefähr. Denn Autos wie der Clio, der R 19 oder der Espace verkaufen sich prächtig. Autos zum Leben - so der Slogan -, wohl auch zum Fahren. Aber auf jeden Fall ein Konglomerat verschiedenster Modelle. Dazu kommt das imagefördernde Rasen der Formel-Eins-Boliden, einst mit dem Rennheroen Nigel Mansell am Steuer - immerhin Weltmeister 1992. Die einzelnen Wagen werden jedenfalls gebührend vorgestellt - also entsprechend ihrer Wertung auf der nach oben offenen Negativskala.

Was den Autor dann noch interessiert, sind die Menschen, Renault-Automobilisten. Wer fährt eigentlich solche Autos? Dieses Buch stellt die verschiedensten Typen in den unterschiedlichsten Situationen vor, ordnet die FahrerInnen (diese Schreibweise intellektueller Säzzer soll auch hier gefördert werden) bestimmten Fahrzeugen zu. Einen weiteren Höhepunkt in der langen Tradition der autobewegten Fachliteratur stellt der ausführliche, fundierte Beitrag über die jüngsten Erkenntnisse im Zusammenhang von Autos und Sternzeichen dar.

HISTORIE

Wie konnte es nur passieren, daß diese Firma in kaum 90 Jahren zum größten Automobilbauer Frankreichs wurde? Und dazu noch zu einem der 25 größten Industrieunternehmen der Welt? Richtig, der geschulte Ratefuchs merkt schnell: Ein helles Köpfchen steckt dahinter. In unserem Fall ist es ein aufgeweckter 21jähriger Dachs, mit langem schmalen Gesicht und feinem Schnurrbart - zum Glattstreichen, wie's große Denker immer tun. Also, dieser dunkelgelockte Franzose, mit dem „ein wenig trüben Blick des Visionärs" (so die offiziösen Geschichtsschreiber), hatte nichts besseres zu tun, als in einem Pariser Vorort an einem Dreirad herumzubasteln.

Aber langsam. Die Karriere des Tüftlers begann ja viel früher. Nur der Mensch - übrigens mit dem damals noch recht unbekannten Namen Louis Renault - hatte bis dato mehr vom Schuleschwänzen profitiert als eine anständige Erziehung genossen. Sagen wir, wie es war: Ein Taugenichts, ein verstockter Faulpelz kurvte da durch die automobile Vorzeit. Ohne orthographische Kenntnisse, von Papa, einem Tuchhändler, ausgehalten.

Aber das Kerlchen - Baujahr 1877 - war nicht blöde - so jedenfalls wollen es die automobilen Historiker. Mit neun Jahren ging dem Bürschchen bereits im Kinderzimmer ein Licht auf - Elektrolicht produzierte er mit einer Kordel, mit der er Zinkstäbchen in eine Säulenbatterie tauchte. Und es ward Licht.

Mit 13 Lenzen gurkte der Sohn des Tuchhändlers in einem Dampfwagen herum. Seine „Straßentaufe". Und ein Jahr später durfte Klein-Louis im Gartenhaus einen Motor verunstalten. Dies alles waren Ablenkungsmanöver, um die Familie zu besänftigen, die wollte, daß aus dem jungen Mann etwas Anständiges wird. Statt auf die höhere Schule zu gehen, holte sich der Kerl im Garten seine höheren Weihen als Erfinder.

Wie bei verwöhnten, reichen Söhnen so üblich, konnte Louis mit Hilfe von zwei, drei Arbeitern ein von Papa gekauftes Dreirad beackern. Im Bootsschuppen passierte das alles. Womit wir nun endlich bei der Geburtsstunde des Imperiums angekommen sind.

Für das ersann Louis eine allgemein bahnbrechende, die Technologie im besonderen weiterbringende Erfindung: das mechanische Dreiganggetriebe mit einem direkten Gang und einer starren Welle zur Antriebsachse statt einer Kette. Einfach bahnbrechend, das können Sie glauben - auch wenn Ihnen die sensationelle Wirkungsweise des direkten Gangs als Laie sicher kaum einsichtig erscheinen mag. Aber die wirkliche Leistung des Louis Renault bestand darin, daß er sechs Leute davon überzeugen konnte, sich einen dieser umgebauten 3/4-PS-Wagen zu kaufen. Sie orderten ein Ding mit Schalthebel am Boden, neben der Lenksäule, und einer geraden Lenkung am wiederum kreisförmigen Lenkrad. Das war neu, das war schick.

Sechs feste Bestellungen flatterten ins Renault-Haus - Grundstock für ein Weltimperium. Na ja, jedenfalls der Beginn einer außergewöhnlich erfolgreichen französischen Karierre. Oder besser: Dann ging's los.

Mit diesem Sellererfolg hatte es Louis auch seinen beiden größeren Brüdern gezeigt.

Die Tuchfabrikanten sahen ein, daß sie den Quälgeist nur loswerden konnten, wenn sie ihm seine Spielzeuge finanzierten. Gedacht, gezahlt. In dem so oft und gerne erwähnten Bootsschuppen in Billancourt bei Paris werkelten fortan Autoarbeiter. 76 neue Renaultwagen steuerten über den Steg in die große weite Welt. Renault hatte also mit seinem neuen Getriebe richtig geschaltet.

Jungs, die im Kreis fahren - von Opa Renault bis Nigel Mansell

Renault war auf Erfolg programmiert. Nehmen wir die sportliche Komponente: 1899 heimst Renault mit seinem Wagen bei einem Amateur-Chauffeur-Rennen den ersten Pokal ein. Er räumt weiter ab. Paris - Berlin 1901 gewonnen, Paris - Wien 1902 erstmals mit eigenem Motor - auch Sieger. Das sind damals, muß man wissen, gesellschaftliche Ereignisse wie heute ein Spitzenspiel zwischen Dortmund und Bayern. Da sprach die Welt drüber. Ja, ja, es ging weiter.

Auch wenn 1906 eine erstmals eingebaute Wasserpumpe Renault um die Ohren fliegt. Die Sportskanonen um Louis, damals mit 90 PS unterm Hintern, ergattern Preise zuhauf. Die Erfolge werden schnell Tradition: 60 Jahre später erringen die Renaults in Le Mans mit dem Alpine-Rennwagen Erfolge. Und Anfang der 90er driftet der Weltmeister im Kreisfahren, Nigel Mansell, allen davon. Immerhin steht da auch Renault auf dem Ding, mit dem der Brite bis 1993 rumkurvte.

Zurück zum Urvater. Louis Renault gerät Anfang des Jahrhunderts unters Schwert, wird zum Ritter der Ehrenlegion geschlagen, Renault allmählich ein wichtiger Name in Frankreich. Entsprechend voll sind die Auftragsbücher: Abertausende eines Neun-PS-Taxis bauen die Renaults, das Werk beginnt mit einer echten Serienproduktion.

Und der eigenbrötlerische Louis bekommt erste Probleme. Despotisch wie er ist, schurigelt er seine Mannen und kriegt ziemlich viel Streß mit den aufstrebenden, nach Mitbestimmung lechzenden Arbeitern. Die Revolutionäre stehen vor der Tür. Louis findet das gar nicht witzig. In monatelangen Streiks zerfleischen sich Meister und Massen. Dazu kommt der vorwitzige Herr Citroen, immer Renault im Nacken und auch mit nicht ganz doofen Ideen.

Nun retten Louis zwei Wesenszüge, die ihm später zum Verhängnis werden sollten: sein Wankelmut und der Kehrdirnix gegenüber den Militärs. Renault wollte sie immer benutzen - für seine Zwecke. Doch sie manövrierten ihn meist aus.

Im I. Weltkrieg ging der Fight noch unentschieden aus. Tausende von Renaulttaxis bringen die Krieger an die Front, weil Lkw fehlen.

Renault greift ein, baut fortan Granaten, Kanonen und Panzer. Ein Kriegsteilnehmer, auf der Seite seiner Heimat.

Ideen aus dem Zettelkasten - chronische Krankheit seit den 20ern

Die 20er Jahre werden zum Jahrzehnt des Verzettelns für Renault - übrigens eine chronische Krankheit. Ein Sechs-PS-Wagen, andere mit 12, 15, 18 oder 40 Pferdestärken werden konstruiert. Die Kunden sind verwirrt. Kein klares Bild der Marke scheint sichtbar. Citroen und inzwischen auch Peugeot holen auf.

Louis Renault wird wunderlich. Pedantisch, absoluter Herrscher und Übervater seiner Firma. Werkstattmeister bespitzeln die Unterchargen, als Personalleiter fungiert ein knallharter pensionierter Oberst. Die Arbeiter kuschen aus Angst vor Entlassungen. Und einen begabten jungen Ingenieur namens Andre Lefebvre läßt der, einst auch so liebenswert spinnerte Renault, nicht an sich herankommen. So geht ihm die Idee eines frontangetriebenen Autos flöten. Diesmal schaltet Citroen schneller. Der Prototyp des Frontantriebs wird beim Erzrivalen gebaut.

Doch wieder einmal helfen die Taxis. 4500 mal wird die berühmte G7-Droschke verkauft. Busse und Lastkraftvehikel bevölkern die Straßen Frankreichs. Renault erholt sich und Citroen geht in die Knie. Doch den maroden Konkurrenten kaufen will Louis auch nicht. Ein Fehler. So hätte er Frankreichs Big Boß werden können.

Der nächste große Fehler des Louis Renault ist seine - nie bewiesene - Liason mit den Nazis. 1938 bei der Vorstellung des Juvaquarte, der dem Kadett so verdächtig ähnlich sieht, lernt Renault den Diktator und späteren Besatzer Hitler kennen. Dieses Tête-à-tête ist wohl nicht sehr beeindruckend. Dennoch - und das ist wichtig - entschließt sich Louis irgendwann in den nächsten Jahren zur Zusammenarbeit mit den Deutschen. Ein nationales Drama. Bis heute Bistro-Stammtischthema.

Immer noch es ist zu klären, ob Renault wirklich zum Kollaborateur wurde, um sein Werk und somit die Idee vom später legendären 4-CV zu retten. Dem Auto, das dem Kraft-durch-Freude-Wagen,

Volkswagen, so fatal ähnlich sieht. Wozu man wissen muß, daß ein gewisser Herr Porsche im Renaultwerk als Besatzer mit die Aufsicht führt. Jener Herr also, der als Erfinder des Laufwunders von VW gilt.

1942 unternahm das französische Ding erste Versuchsfahrten. Nach dem Krieg entdecken die Franzosen ihren Floh, der nach und nach das Land wieder auf vier Räder stellt. Denn der 4 CV ist nicht teuer. Sein Benzinverbrauch beläuft sich auf kaum mehr als sechs Liter auf 100 Kilometer. Ein begehrter Renner: 4 CV - 4 Türen - 4 Plätze. Lieferfristen klettern auf ein Jahr, auf 18 Monate, auf zwei Jahre.

Doch gemach: Die Kriegsjahre sind insofern entscheidend, weil Renault für die Deutschen produzieren läßt - Lkw und Kanonen. Dafür darf er seine Prototypen weiterausprobieren. Dies alles bricht ihm später das Genick - im wahrsten Sinne des Wortes vermutlich. Unser Louis wandert nämlich im September 1944, nach dem Sieg gegen die Deutschen, in den Bau - wg. Zusammenarbeit mit dem Feind. Gut einen Monat später ist er tot. Niemand weiß bis heute, ob die offizielle Todesursache - Harnvergiftung - der Wirklichkeit entspricht. Gerüchte besagen, Renault starb unter den Schlägen seiner Bewacher.

Was jahrelang die LeserInnen der Klatschpresse beschäftigte, soll uns hier jetzt nicht weiter abschweifen lassen. Denn es beginnt 1945 die neue Renault-Ära. Das Staatsunternehmen Renault ist geboren. Unter dem agilen, ehemaligen Widerstandskämpfer Pierre Lefaucheux wird der viertürige 4CV serienmäßig gebaut.

Ein Schwächling zeigt seine Muckis - der 4 CV

„Dieser Schwächling wird es nicht einmal auf 10.000 Kilometer bringen", frotzelten damals die Experten über das rundliche Ding. Doch die Franzosen waren von dem Käfer-Konkurrenten begeistert. Die Zahlen eines Erfolges: 50.000 Stück im April 1954, bis 1961 hat die „Regie Nationale" 1.150.550 mal den 4 CV produziert. Das sind mehr Fahrzeuge als Louis Renault in seinem ganzen Leben vom Band brachte.

Was folgte? Wieder viele Rennsporterfolge, diesmal mit der 4 CV. Und dann tauchte irgendwann ein Ding unter dem Namen „Alpine" auf. 1954 ist es und der Konstrukteur hört auf den schönen Namen Jean Redele. Die flunderartige Rennmaschine auf Basis des Serienautos will der Renaulthändler in den USA bauen. Vier Prototypen fertigt er bis 1962 an. Allerdings ist das später mit der Formelbezeichnung „A 106" rumkurvende Gefährt noch lange kein echter Renault. Echt sind die Fregatte, und natürlich die Dauphine, dieses eindeutig Brigitte Bardot zugeordnete Autochen. Dieses niedliche „Gesicht", die Autoschnauze, läßt heute noch Horden von Redakteuren in den Gebrauchtwagenressorts der Automobilzeitschriften einen närrischen Gesichtsausdruck annehmen. Und dann passiert es: Renault entdeckt die Blue Jeans. Wie bitte? Die Manager unter dem neuen Herrscher Pierre Dreyfuss wollen modern, zeitgemäß sein. Sie suchen ein billiges und praktisches Gefährt, ein - der Ente entsprechendes - Auto für jedermann, sozusagen die Jeans für den Automobilisten. 1961 wird er vorgestellt: der Renault 4. Hier endet schlagartig unsere historisch ausgewalzte Analyse der Renaultisten. Denn bekanntlich reicht unser Kurzzeitgedächnis bis in die frühen 60er Jahre zurück. Wir sollten uns nun der einzelnen Wagen annehmen und anhand des so vielschichtigen Images der Marke die weitere Entwicklung begutachten.

DAS IMAGE

Vorspiel

Kleines Vorspiel. Auf einer Couch 1 Autor und sein Freund. Autor: Anfang 30, Freund: Mitte 30. Man hat gemeinsam schon einiges durchgemacht, von der ersten Liebe über das zweite Kind bis zum Karrierefrust. Die Tagesthemen laufen, der Vino Verde ist fast geleert, das Gespräch plänkelt so dahin. Da plötzlich...

Freund des Autors (richtet sich auf, ungläubiges Staunen im Gesicht): „Du schreibst ein Buch über Renault? Du liebe Güte! Renault ist doch Scheiße."

Autor (fühlt sich angemacht): „Wie bitte?"

Freund (mitleidig, merkt, daß er vorsichtiger rangehen muß): „Renault ist doch qualitätsmäßig unter aller Sau, das mußt du doch zugeben."

Autor (bereits aggressiver): „Na, na, na, wir wollen doch hier nicht pauschalisieren und Vorurteile frisieren, ja?! Wo sind wir denn."

Freund (mit leicht erhobener Stimme, gestikulierend): „Wer einen Renault kauft, ist selber Schuld!"

Autor (in die Defensive gedrängt, spielt intellektuellen Vorsprung aus): „Auch wer einen Mercedes, einen Opel, einen Peugeot, einen Mazda, einen Lantz Bulldog, ein Dreirad, einen Kinderwagen kauft - ist doch selbst Schuld. Was redest du da?!"

Freund (muß immer das letzte Wort haben): „Ja, aber ...Renault ist doch nichts."

Allgemeine Betrachtungen zum Thema „Haß oder Liebe - Renault und die Kunden"

Renault ist doch nix. Ist Renault nix? Diese Frage läßt sich so einfach nicht beantworten. Nicht nur, weil mit einem einfachen „Ja" dieses Buch natürlich nicht zu füllen wäre... Renault hat gute und schlechte Jahre erlebt und stets ambivalente Gefühle geweckt.

Wie kommt's? Eine umfangreiche Testreihe wird uns die Beantwortung dieser Frage erleichtern. Die Testanordnung ist denkbar einfach. Dazu benötigen wir: eine beliebige Anzahl Testpersonen (durch 100 teilbar wg. Umrechnung in Prozente), diverse Kfz's der Marke Renault, einen Block, einen Bleistift, einen Hinterhof.

Versuchsbeginn. Lassen wir mal den Hobbypsychologen raushängen und werfen einen R 4 oder R 5 einer Gruppe von Testprobanden zum Fraß vor. Sehen Sie! Von schweren allergischen Reaktionen („Hiiiilfe, alles juckt!"), spontanem Überzug der Hasskappe („So einen Mistbock hatte ich auch mal") bis zu Freudentränen über das Wiedersehen („Oh, wie schöööön! Daß ich das noch erleben darf!") werden Sie die ganze, große Palette tiefer Gefühle registrieren können.

Als Ergebnis halten wir fest: In den 60er und 70er Jahren war ein Renault ein starkes Polarisierungsinstrument und gewichtiges gesellschaftliches Element, das der Mobilität das erregende Moment höchster Emotionalität verlieh. Nachwirkungen sind bis heute zu bemerken.

Dolle Nummer, wa? Weiter. Es folgt Versuch Nummer zwei aus der Reihe „In 48 Stunden zur Psychoanalyse". Beteiligte Testpersonen: gleiche Versuchsgruppe wie oben. Jetzt lassen wir einen Renault Safrane, einen Nevada und einen R 19 auf den Hof rollen (Wie bitte? Sie wissen nicht wer oder was das ist? Sehen Sie - manche psychologischen Probleme lassen sich gaaanz einfach im Selbstversuch lösen). Was passiert auf dem Hof? Nix. Genau. 38,5 % der Testpersonen rauchen erst mal eine, „bis das endlich losgeht hier". 12,5 % der Versuchskaninchen weisen sich als unverbesserliche Autoidioten aus (die würden sich auch auf einen Hyundai Excel stürzen) und befingern unter Absonderung dusseliger Statements („Der is aber groß!", „Ist das ein Japaner?", „Das ist aber mal ein hübsches Blau") umgehend den Lack der Fahrzeuge. 45% der Teilnehmer (jaja, die Zahl ist erschreckend hoch) fangen an zu gähnen, kratzen sich am Ohr, treten von einem Bein auf das andere oder zeigen andere Übersprungshandlungen unterschiedlicher Intensität. Lediglich 4 % (noch mal in Worten: vier Prozent) der Testkandidaten weisen sich als soziologisch hochinteressante Randgruppe aus, indem sie sich schon beim Motorengeräusch der herannahenden Testfahrzeuge als Kenner enttarnen („Hmmm, das muß ein Safrane sein!").

Halten wir als Ergebnis fest: In den 90er Jahren zeigt Renault nahezu keinerlei Profil. Vergessen sind gefühlsgeladene Slogans wie „der kleine Freund" oder die schmerzhafte Liason mit dem R 16 („Schatz, weißt du noch?"), die (aus finanziellen und herstellungstechnischen Gründen) nur einen Sommer lang währte. Ein Renault weckt keine Emotionen mehr. Funktionalität, Uniformität und emotionale Kälte bestimmen das Bild.

Spätestens an dieser Stelle dürfen wir - die potentielle oder tatsächliche Renault-Zielgruppe - uns nicht länger um einen Ausflug in die Sümpfe der Selbstkritik herumdrücken. Nur Mut, auf geht es:

Lange hatte Renault mit Qualitätsmängeln zu kämpfen. Und - bekommt nicht jeder Hersteller den Kunden, den er verdient? War es nicht so, daß wir über die langen Jahre unserer beruflichen und emotionalen Grundausbildung - stets mehr oder weniger powered by Renault - gelernt haben, daß wir verinnerlicht haben, ein Renault müsse in jeder Beziehung aus der Rolle fallen, um uns zu gefallen? Haben wir nicht genau die Autos bekommen, die wir wollten und die zu uns paßten?

Erarbeiten wir doch kurz ein Anforderungsprofil. Was erwarteten und erwarten wir (absolut ehrlich sein bitte!!) von einem Renault?

Er muß: eigentlich unverkäuflich und häßlicher als alle anderen sein, unzuverlässig, rostanfällig, unberechenbar in Sachen Verbrauch und Startverhalten, die Bremsen sollten den Charme eines Zufallstreffers im Lotto haben, die Innenausstattung muß karg sein, die Detaillösung stets originell und unfunktionell, die Werkstätten und Showrooms wollen wir schmuddelig, den TÜV stets als Herrscher über Leben und Tod. Das - kombiniert mit einer panischen Angst vor Funktionalität oder Uniformität - ist der Stoff aus dem Haßlieben gemacht werden. Und die sind vor allem eines: dauerhaft. Was will ein Konzern mehr als ein Heer von Stammkunden?

Irgendwann muß Renault auf die Idee mit der Seriösität gekommen sein. Als wir so weit waren, daß wir den Renault nur noch so wollten, wie wir ihn immer kannten, fingen die Franzosen an, herzlos mit unseren Gefühlen zu spielen. Sie traten unsere Emotionen und Ambitionen mit Füßen, sie versuchten richtige AUTOS zu bauen. Alles, aber auch alles hätten wir Renault verziehen - nur das nicht.

Jetzt gibt es einen Verkaufsschlager wie den R 19, jetzt gibt es den Clio, der die Zulassungsstatistiken rauf- und runtergalloppiert. Ein gutes Auto, ein anständiges Auto, aber ist das was zum Hassen, zum Lieben? Kann man sich über den und mit dem R 19 erregen? Fehlanzeige. Ach ja, einen kurzen Moment glaubten wir, mit der Einführung des Safrane, jetzt kehrten die Franzosen zurück zu alten Idealen. Da nahm diese neue Riesenkiste Kurs auf den deutschen Markt und bevor noch der erste Vertreter einen Reifen über die Grenzen gesetzt hatte, wußten wir: Ha! Stell Dir vor! Kein Airbag! Ha! In diesen Zeiten! Ohne Gurtstraffer, hihi, typisch! Hoffnung machte sich breit. Aber siehe da, wieder nur Fehlalarm. Bevor der

Wagen in Deutschland ausgeliefert wird, werde man selbstverständlich den Airbag als nachrüstbares Extra in die Zubehörlisten aufnehmen... Trauer senkte sich über die alteingesessene Renault-Fan-Gemeinde. Eine solche Verlautbarung! Eine zeitgemäße Reaktion! Ein kleiner Ausrutscher, umgehend korrigiert, ein angemessenes und trendorientiertes Extra - es war zum Weinen.

Und dann kam der Schock mit dem Twingo. Zunächst dachten wir - der kommt eh nie, und schließlich ist der Mazda 121/der Nissan Micra ja wirklich süß (nur ein bißchen teuer) und die Franzosen werden (ja, sie werden uns doch nicht wieder enttäuschen!) den Trend sicher verschnarchen. Naja, und dann kam er. Und er war hübsch und zukunftsweisend und appellierte an die Emotionen, als wollte er uns sagen: „Siehst du, ich bin ein Renault, ich habe ein Gesicht! Doch, doch, ich bin verwandt mit deinen alten Haßlieben, mit dem R 4 und dem R 5 und und und..."

Alles Quatsch. Ein Schleimscheißer, ein Einschmeichler, ein Schönling noch dazu. Die Franzosen flippten bei seiner Präsentation dermaßen aus („Der Pariser Salon heißt ab sofort Salon de Twingo"), daß sich bei uns konservativen Renaultisten eigentlich nur tiefste Depression breitmachen konnte: Wahrscheinlich läuft der auch noch immer, wenn er soll und nicht nur, wann er will.

Was kann uns in diesem Dschungel der Gefühle Trost verschaffen? Wir sollten unsere Erwartungshaltung überdenken und mehr Distanz zum Thema schaffen. Wir müssen unsere Sinne schärfen, für die wirklich relevanten Themen unserer Zeit. Und damit können wir uns einer Erkenntnis nicht mehr verschließen: Renault gebührt höchste Anerkennung für besondere Verdienste um die linguistische Evolution Gesamtdeutschlands. Unmittelbar nach Fall der Mauer war es, als das neue „Einvolk" sich zunächst und vor allem auf die Motorisierung konzentrierte (Kolonialisierung und Mobilisierung ließen sich wunderbar koordinieren). Da bescherte Renault (ausgerechnet die Franzosen!) der moralisch orientierungslosen Nation ein richtungweisendes, ein stark trendorientiertes, ein neues klares Verb: „habenauto".So deutlich, so prägnant. So zweifelsfrei, so eindeutig. „Habenautos", das hat was Imperatives, was Definitives, nach solchen Signalen sehnte man sich in solchen Zeiten.

Mit Start der Kampagne für den Clio überschritt Renault magische Grenzen. „Renault Partner habenautos zum Leben, Autos zum Leben, Autos zum Leben", trällerte es durch die Werbespots. Das saß, das paßte, auch wenn Zweifler und Nörgler noch über dem Komplementär-Stück zum Slogan grübelten („Autos zum Sterben, Autos zum Sterben, Autos zum Sterben")... und moralische Bedenken anmeldeten.

Kleinlich, alles kleinlich. „Habenautos" war das Wort der Stunde und seitdem darf, anklingend an die Flaute auf dem Gebrauchtwagenmarkt (1992/93), munter dekliniert werden:
Ich habenauto
du habenauto
er, sie es habenauto.

Schwieriger wird es im Plural. Heißt es „Wir habenauto" oder ist nicht vielmehr (man denke nur an eine komplette, espacefüllende Kleinfamilie mit vier Kindern) spätestens jetzt wieder der Begriff „Wir habenautos" fällig? Sei es drum. Ich habenauto, dudanke Renault für diese Erweiterung unseres Sprachschatzes.

Genug der soziokulturellen Interpretationsversuche und Testreihen. Wenden wir uns den Tatsachen zu. In zwangloser Folge treten zum Schaulaufen an: prominente Renaults (gesunde/kranke, alte/junge, gute/schlechte, gebrauchte/neue, mit TÜV/ohne TÜV usw.)

DIE TOPS UND FLOPS VON 1960 BIS 1990

Ein Phänomen - der R 4
Die Hitliste der zehn beliebtesten Defekte, Probleme und Eigenarten

Wie pirscht man sich an ein Phänomen, an ein Kultauto heran? Leise, samtpfotig und auf Umwegen. Nehmen wir an, der R 4 sei... ein Tier? Ein Schwein (weil er dauernd seine Besitzer sitzen ließ)? Ach nein, das hinkt. Ein Muli (gutmütig, originell, nicht eben übermäßig intelligent, aber irgendwie auch nicht richtig doof)? Hmmm. Ein

Kamel (weil er als erster komplette Familien zum akzeptablen Einstandspreis mobilisierte)? Das trifft es auch nicht so ganz. Eher finden wir - mit dem bornierten Abstand einer Autofahrer-Generation, die den R 4 allenfalls noch als Einstiegswagen für erste fahrtechnische Gehversuche kennengelernt hat - Parallelen im Bereich des Alltäglichen. Kennen Sie diese mistigen Einkaufswagen, die man mit Hilfe einer Mark aus einer endlosen Kette gleicher Wagen auslösen muß, wenn man seine Einkäufe nicht durch den Supermarkt schleppen will? Die haben was vom R 4. Du mußt Geld reinstecken (meist hast du gerade keins), damit du überhaupt damit rumkurven kannst. Dann läuft er auch noch unrund (weiß der Geier, wo der „Vorbesitzer" überall auf den Kantstein gemangelt ist) und schließlich bist du so genervt von dem Ding, daß du es einfach (Scheiß doch auf die Mark) stehen läßt... So oder ähnlich mag es unzähligen R 4-Besitzern ergangen sein: Sie haben - bei niedrigstem Einstandspreis - Kohle reingesteckt bis zum Abwinken und wurden dafür mit einer Vielzahl mehr oder weniger origineller Defekte belohnt. Die Halbwertzeit eines durchschnittlichen R 4 war meist relativ niedrig, und wir haben das hartnäckig ignoriert, bis der erste Leasingwagen (neu!) bei uns seine Heimat fand.

Aber der Reihe nach. Schicken wir unseren Kandidaten erst mal auf Jungfernfahrt. 1961 kam er zur Welt - the one and only, legendary R 4. Man wolle den Automobilmarkt demokratisieren, brachte Renault als Entschuldigung für die Lancierung des „häßlichsten Kleinlieferwagens der Welt" hervor. Die Zeit war einfach noch nicht reif für die richtungs- und zukunftsweisende fünfte, für die Heckklappentür. Und so soll es teilweise zu tumultartigen Szenen gekommen sein, als Renault Modells für Fotosessions anheuerte und diese sich - zum ersten Mal mit dem Feind konfrontiert - weigerten, vor dem R 4 (3830,- DM incl. Mwst.) zu posieren. Erst nachdem „kostenlose Probefahrten" angeboten wurden (60.000 Franzosen nutzten das Angebot in den ersten 10 Tagen der Aktion), kam die Kiste ins Rollen. Und wie: Bis heute wurden weltweit rund acht Millionen R 4 verkauft.

1992 wurde der R 4 eingestellt. Vor allem die verschärften innereuropäischen Abgasbestimmungen machten dem automobilen,

katlosen Fossil und Dauerrenner zu schaffen, eine „Anpassung an die Erfordernisse des Marktes" wäre schlichtweg zu teuer geworden. In über 30 Jahren war eine starke Fangemeinde herangewachsen, die in Tränen ausbrach. Trost spendeten lediglich Gerüchte, die sich in R4-untypisch rasantem Tempo verbreiteten: Er werde „noch in Spanien" hergestellt, ein paar liefen „immer noch irgendwo in Portugal" vom Band. Letzte definitiv anmutende Meldung zu dem Thema: 100 Stück werden täglich in Novo Mesto, Slowenien, für „den Export" gefertigt (den Export? welchen Export? wohin damit?). Die Trauerphase ist für traumatisierte R-4-Fans also noch nicht abgeschlossen. Erlauben wir uns - als Stimulans - eine Hitliste der zehn beliebtesten Defekte, Probleme und Eigenarten des R 4.

Auf Platz 10... das Schö nste zum Thema Rost. Ein anständiger R 4 konnte nach sieben Jahren bereits auf die fünfte Bodenplatte verweisen.

Auf Platz 9... das Zweitschönste zum Thema Rost: Als einziger ernstzunehmender Konkurrent (wer oder was rostet am schnellsten?) konnte die Heckklappe der Bodenplatte Paroli bieten. Sie gammelte zunächst vom unteren Rand aus und wies bereits nach kürzester Zeit liebevoll verteilte Perforierungen („Sieh mal, wie der Sternenhimmel in einer klaren Vollmondnacht") auf. Eine Eigenart, die manchen Medizinstudenten („Acht Stunden unter Kohlenmonoxid-Einfluß") zum beherzten Selbstversuch verleitete. Durch die Heckklappenlöcher trat bei ungünstigen Wind- und Witterungsverhältnissen ein lebhafter Abgasstrom ein.

Auf Platz 8... ein gewöhnungsbedürftiges Ausstattungsdetail. Nein, nein, nicht der neue Vorderradantrieb. Ja, genau: die Pistolen- , Krückstock- oder Revolverschaltung. Wer sich einmal daran gewöhnt hatte (Oh ja, es dauerte lange. Wie oft bist du im vierten Gang - nicht - angefahren?), war auf Lebenszeit für normale Schaltungen versaut. Der Umstieg auf herkömmliche Schaltknüppel, -hebel, oder -knäufe gelang meist nur nach umfangreichen Resozialisierungs- und Schulungsmaßnahmen, wie überhaupt die Entwöhnung vom R 4 ein harter und langwieriger Prozess war/ist (von der psychologischen Gewichtung her - vergleichbar eigentlich nur mit der postnatalen Phase des Abstillen).

Auf Platz 7... die auspufflose Aera. Ende der 70er Jahre war eigentlich kein R 4 mehr mit heilem Auspuff unterwegs. Das Aggregat hatte sich in der Regel schon in unmittelbarer Nähe zum Krümmer verabschiedet und sorgte für die neueste Erkennungsmarke unter den R 4-Fahrern. Jetzt konnte man sich auch akustisch verständigen...

Auf Platz 6...wiederum ein Ausstattungsdetail, das von Franzosenhassern als „Intelligenztest für Idioten" bezeichnet wurde: Die Haube ließ sich - der Erwartungshaltung entgegengesetzt - nicht von vorn, sondern von der Windschutzscheibe her aufklappen.

Auf Platz 5... die Segeltuchbespannung der Stahlrohrsitze (Modell „Camping"). Da Renault darauf verzichtete, für die Sitze des R 4 eine „maximale Zuladung" in den Papieren auszuweisen, waren diese Stoffstreifen in der Regel hurtig durchgesessen, ausgeleiert oder komplett verschlissen, so daß der Fahrerhintern meist innigen Kontakt zur Bodengruppe hatte.

Auf Platz 4... die Scheinwerfermacken. Daß die Dinger häufig rausfielen, konnte den weltgewandten R-4-Piloten nicht erschüttern. Rasch hatte man Chewing-Gum zur Hand und mit selbigem die Scheinwerfer wieder in den dafür vorgesehenen Blechkuhlen befestigt. Ärgerlich war die Tatsache, daß die Scheinwerfer VON AUSSEN (mit einer kleinen Zunge) zu verstellen waren. Gemeine Passanten oder pöbelige Nachbarn konnten den R 4 mit wenigen Handgriffen zum Schielen bringen. Fies!

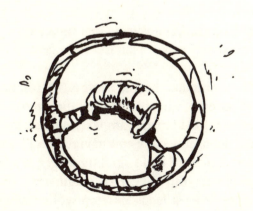

Auf Platz 3... der spinnende Tacho. Wenn du glaubst, was du siehst, dann traust du dich sogar auf der Autobahn an einem Lkw vorbei: 135 km/h gaukelte der R-4-Tacho seinem Piloten vor und die Karrosserie spielte mit. Dank üppiger Geräusch- und Vibrationskulisse MUSSTE man dem Tacho einfach vertrauen. Also, beherzt auf die linke Spur und Stau provoziert (in echt: es waren mal gerade 95 km/h...)

Auf Platz 2... die Innentürgriffe. Eine charmante Blechaussparung, in die du mutig mit dem Finger reinhakeln mußtest, um die Tür zu öffnen oder zu schließen. Mit Pech tauchten Fingerkuppen (jaja, manchmal war das Blech auch scharfkantig. Wo hatte der Vorbesitzer nur die Ummantelung der Kante gelassen?), Hautfetzen oder Nagelteile aus dem kleinen Loch nicht mehr wieder auf...

Auf Platz 1... die originellste Selbsthilfe R-4-Abhängiger: Die Scheibenwischer des Wagens bedurften häufig (na klar, gerade dann, als das Tief „Oskar" von Skandinavien herbeizog mit Graupelschauern und Platzregen) der Nachhilfe. Findige Piloten öffneten zu diesem Zweck das Seitenfenster (ließ sich nicht immer wieder schließen, aber macht nix) und befestigten am Scheibenwischergestänge einen Bindfaden, der wiederum durch das Seitenfenster in den Innenraum hing. Wenn die Rückführung der Wischer nicht funktionierte - zog man einfach an der Strippe...

R 5 - ein Fünf-Punkte-Wegweiser für alle Kenner und solche, die es werden wollen

Er wurde 1972 geboren und hat bis heute 8,3 Millionen Brüder und Schwestern bekommen. Ein weiteres richtungweisendes Werk aus dem Hause Renault. Ein kleiner Kompaktwagen, relativ günstig und von gnadenloser Konsequenz, wenn man es den „Deutschtümlern" schon durch den Autokauf mal so richtig zeigen wollte. Besondere Lässigkeit gewann er (für späte Existentialisten) als Schwarz-in-Schwarz-Variante. Wer stilecht antreten wollte, bemühte sich (ah oui, welch Aufwand) auch noch um ein französisches Kennzeichen.

Im folgenden ein Fünf-Punkte-Wegweiser für alle R 5-Kenner und solche, die es werden wollen:

Tip 01: Tun Sie sich auf Autoparties hervor, indem Sie lässig einstreuen, das gefährlichste Auto der Welt habe Renault ja schließlich schon vor Jahren auf den Markt gebracht. Sichern Sie sich Lacher, indem Sie erst in letzter Sekunde eröffnen, daß Sie es ernst meinen und nicht die Franzosen im allgemeinen und Renault im besonderen veralbern wollen. Weisen Sie dann lässig auf den R 5 Turbo hin, jaja, genau den, der hinten zwei Meter breiter war als vorne (Heckmotor!), und philosophieren Sie anschließend über die Bedeutung dieses Krafteis für a) die Sicherheit anderer Verkehrsteilnehmer und b) die grundsätzliche Einstellung von Führerschein-Neulingen zum Thema Geschwindigkeit...

Tip 02: Sie sind immer noch auf dieser Party (Sie wissen auch nie, wann Schluß ist!) und möchten jetzt Expertenstatus erreichen? Dann streuen Sie („Wo wir gerade beim Thema R 5 waren") ein, daß Sie schon immer den Verdacht hatten, der 88er und 89er R 5 (Campus) sei ein Westentaschen-Ferrari gewesen. Weil, Renault sei ja (in diesen Zeiten!!!) damals nicht in der Lage gewesen, einen Kat-Motor für dieses Wägelchen zu bauen. Und da habe man doch kurzerhand einen großen Motor (hach, war es der 1,6- oder der 1,8-l-Motor?) eingebaut und der sei dann ja ein echter GTI-Fresser gewesen, der Karren. Schmücken Sie aus, dichten Sie dazu, das nonchalante Zugeständnis von irgendwelchen Fehlern weist Sie nur um so dringender als echten Kenner aus...

Tip 03: Suchen Sie (als echter Ästhet) den Konflikt mit einem R-5-Fanclub. Diskutieren Sie über die Stilsicherheit bei Neigungswinkeln von Dachantennen (unter aller Sau: die gerade nach oben verbogene Dachantenne. Einzig richtige Stellung: die rasant, sportlich-schräg gestellte Antenne - unverbogen, nicht waschstraßengeschädigt).

Tip 04: Sie haben eine nette Kosmetikerin (Schwerpunkt Maniküre) kennengelernt, der Sie unbedingt nähertreten wollen? Sie fährt einen R 5? Klasse. Greifen Sie beherzt zur Kneifzange, verstümmeln Sie Ihre Fingernägel bis zur Unkenntlichkeit (kleine Reißwunden empfehlen sich) und lassen Sie sich einen Termin bei der Dame

geben. Sehen Sie! Sie denkt sofort, Sie fahren auch R 5 („Jaja, die Türgriffe, das ärgert mich bei meinem auch immer") und das Ausstaffieren der Solidaritätsebene, auf der Sie beide sich jetzt befinden, das werden Sie schon hinkriegen, wa?!

Tip 05: Treiben Sie Vergangenheitsbewältigung! Treten Sie Greenpeace bei und gestehen Sie schon bei der ersten OG-Sitzung, daß Sie lange R 5 gefahren sind. Arbeiten Sie Ihr Trauma auf! Sprechen Sie drüber, wie es war, als Sie den „Baum ab - nein Danke"-Aufkleber hinten drauf hatten und ihr Wagen hartnäckig blaue Wolken unverbrannten Öls hintenraus schleuderte! Sprechen Sie offen über all die Diskussionen, in denen Sie mit „Du alter Stinker, kauf Dir erst mal ein anständiges deutsches Auto, bevor du über Umweltverschmutzung redest!" abgewürgt wurden! Das tut gut! Für ernsthafte Vergangenheitsbewältigung KANN es nie zu spät sein.

R 16 - der Opa aller Hatchbacks - der Youngtimer der Zukunft

Er trat 1965 zum erstenmal auf und an, die Autowelt zu revolutionieren. DER Vorreiter aller Schrägheck-Limousinen. Millionen von Japanern (hier geht es um die Autos, nicht um die Menschen, das wissen Sie doch) müßten ihn noch heute als Urahn feiern. Der erste Fünf-Türer-Hatchback der Welt mit Vorderradantrieb, ein bahnbrechender Wagen. Du sitzt in deinem Passat (deinem Scorpio, deinem Rover) und schaust borniert auf alle Franzosen herab? Nanana, auch deiner ist mit dem R 16 verbandelt, mach dir nur nix vor! Für den R 16 gibt es nur einen Tip:

...SOFORT KAUFEN, wenn dir noch einer über den Weg läuft. Als Youngtimer wird er seinen Weg machen (der erste Hatchback, das erste wirklich ernstzunehmende Auto von Renault usw.), schweiße ihn liebevoll luftdicht ein, miete dir eine Garage, besprich ihn (mindestens) jeden zweiten Tag regelmäßig, auch dezenter Körperkontakt empfiehlt sich zur Pflege der Autopsyche. Kurz: Tue alles, was werterhaltend oder -steigernd wirken kann! Und: Sprich mit keinem darüber. Die Beziehung zwischen dir und deinem R 16 geht nur dich und ihn was an.

R 18, R 21, auch R 5 und andere spezifische Erkennungsmerkmale von Renault-Mechanikern

Erinnern Sie sich noch, wie es war, wenn Sie einen Inspektionstermin vereinbart hatten und in der Werkstatt so unfreundlich empfangen wurden? Haben Sie nie verstanden?
Tja, ist doch klar. Die Motorwartung bei diesen Teilen war eine einzige Quälerei, kaum einem anderen Autohersteller ist es so hervorragend gelungen, seinen Motorraum zu verbauen. So hält sich auch hartnäckig das Gerücht, Renault-Mechaniker erhielten kein Gehalt, sondern Schmerzensgeldzahlungen, die jeweils am Monatsende nach ärztlicher Inspizierung der Handverletzungen (geschürft? gequetscht? aufgerissen?) festgesetzt würden.

Selbst für ein Feindbild zu fad - der Fuego mit Manta und Capri

Dieses Auto stellt uns zuallererst mal vor ein sprachliches Problem. Wie heißt er nu? „Fuesho" (mit weichem schsch wie in „marshmallow"), „Fueko" (mit oberhartem g wie Kanzler Kohl bei „Aufschwunk Ost") oder gar „Fügo" (wie „Fügung", Autotester-Motto: „Wer so ein Auto besaß, konnte sich nur noch in sein Schicksal fügen..."). Hin wie her - das Auto (Zitat Renault: „Es ist ein

Coupé") wurde jedenfalls Anfang der 80er (in sieben Leistungs- und Ausstattungsvarianten...Schwerpunkt 96 PS) auf den Markt losgelassen und sollte das Marktsegment der Knaller ansteuern. Bis dahin kam er (wg. Untermotorisierung) leider erst gar nicht: Vielmehr verhalf er Capri- und Mantafahrern zu einem hübsch sortierten Weltbild („We are the champions..."). 1981 erreichte der Fuego seinen Höhepunkt: 9367 Stück wurden in Deutschland zugelassen. 1986 (ehrlich, die Karre wurde noch 1986 angeboten, man glaubt es kaum) fand er gerade noch 274 Abnehmer. Ob bei denen das Unterhaltungsmoment kaufentscheidend war („nicht komfortabel, nicht schnell, einfach nichts"), ob es sich um großzügige Geschenke an völlig entnervte Verwandte handelte („Danke, aber eigentlich habe ich mir einen Manta gewünscht") oder um illegale Gratiszugaben der Händler beim Kauf eines R 11 („Das kriegt doch keiner mit, daß Sie den umsonst mitnehmen") ist heute leider nicht mehr nachvollziehbar.

Wird Twingo der R 4 der Zukunft?
Ein Kurztest für Autokenner und Futurologen

Sollten der R 4 und der R 5 endlich einen würdigen Nachfolger gefunden haben? Wird meine Tochter im Jahre 2006 (nachdem sie im dritten Anlauf den Führerschein endlich gepackt hat, Mami finanziert ja) im Twingo dem akademischen Grade entgegeneilen? Wird mein Neffe zu seinem 18. Geburtstag (16.10. 2010) endlich den langersehnten, gebrauchten Twingo bekommen (mit zwei Jahren TÜV)? Es folgt ein Kurztest, mit dem wir untersuchen wollen, ob
  a) du ein Autokenner bist und
  b) der Twingo ein automobiler Dauerrenner wird.

Frage 1: Hat der Twingo Scheinwerfer?
Frage 2: Ist der Twingo 3,49 Meter lang?
Frage 3: Hieß der Twingo während seiner Entwicklung „Bingo"?
Frage 4: Hat der Twingo Scheibenwischer?
Frage 5: Ist der Twingo 1,32 Meter hoch?
Frage 6: Hat der Twingo elastokinematische Elemente?

    Antwort 1: Nein, du Idiot, der Twingo hat keine Scheinwerfer, der hat leuchtende Augen! Mensch, das isses doch gerade! Autos haben endlich wieder ein GESICHT!
    Antwort 2: Wieder nicht richtig aufgepaßt oder gelesen, wa?! Nein. Der Twingo ist 3,43 Meter lang! Das Auto der Zukunft ist KLEINER!
    Antwort 3: Ignoranten! Nein - Bingo! Wie nieder! Wir wollen keine Assoziationen zu Billigspielchen! Er hieß (in Reihenfolge seiner Entwicklungsstationen) XO 6, dann Tonga, Mignon und Tango. Autos der Zukunft tragen keine banalen NAMEN mehr.
    Antwort 4: Ohjeh, mit deinen Autokenntnissen ist es echt nicht weit her. Und in Sachen Zukunftsvisionen hast du auch nicht viel zu melden! Das Ozonloch wird immer größer, es regnet immer seltener und deswegen braucht das Auto der Zukunft höchstens noch EINEN Scheibenwischer!

Antwort 5: Nun denk doch mal ein bißchen mit. Sicher, die Menschen werden immer größer, also ist ein wirklich zukunftsorientiertes Auto 1,42 m HOCH (Karrosseriehöhe).

Antwort 6: Du weißt noch nicht mal, was das ist? So kann man natürlich keine Prognosenforschung betreiben. Selbstverständlich hat das Auto der ZUKUNFT elastokinematische Elemente. Und zwar an der Verbundlenkerachse (hinten).

Warum kaufen so viele intelligente, durchschnittlich talentierte Autofahrer R 19?

So. Nun sehen wir den Tatsachen mal ins Gesicht. Sie lesen ja nicht nur zum Vergnügen hier, ne?! Jetzt nähern wir uns einem Superlativ und so was will seriös untersucht werden. Warum kaufen so viele intelligente, durchschnittlich talentierte Autofahrer R 19? Seit Jahren ist er das meistverkaufte Importauto der BRD, kürzlich hat man ihm ein facelifting gegönnt. Ja, warum nur kaufen so viele zurechnungsfähige Menschen R 19? Da hilft alle Deutelei nicht weiter, wir brauchen fundierte Erkenntnisse. Nutzen wir die Instrumente der Marktanalyse, starten wir eine intensive Konsumenten-Investigation.

Werner R., 42, hat ca. 1.205.000 Kilometer runter: „Warum ich den R 19 gut finde? Nun, ich finde, da ist zunächst mal das Design wichtig. Der wirkt irgendwie erwachsener als Golf oder Astra. Also stylingmäßig macht den Franzosen echt keiner was vor."

Franziska A., 24, Studentin: „Meine Mutter hat so einen. Der ist doch o.k.!?"

Roswitha D., 32, Dipl. Kauffrau: „Gerdi hat sich ja einen gebrauchten Golf gekauft und ich dann auch. Irgendwie war Gerdis immer besser als meiner. Meiner LIEF einfach nicht so gut. Und die Sitze waren so durch und ich kam mit der schwergängigen Lenkung nicht so gut klar. Jetzt, wo ich nur noch halbtags arbeite, bin ich mehr mit meiner Tochter unterwegs und da bin ich auf den R 19 gekommen. Ich wollte endlich mal einen Neuwagen. Und ich fand dieses Sitzkissen für die Kleine, das in der Rückbank integriert ist, einfach toll. Ein schönes Auto."

Thomas M., 27, Journalist: „Ein korrektes Angebot, ein Vernunftkauf, keine Emotionen dabei."

Heike R., 48, Ex-Bankkauffrau: „Design, Motor, Preis. Da stimmt einfach alles. Und was Sie da hinten alles unterkriegen können, nein, das glauben Sie gar nicht. Wirklich toll."

Dr. Suse H., 32, Historikerin: „Ich wollte nach Öffnung der Mauer einfach nicht so ein deutsch-deutsches Durchschnittsvehikel. Ich finde, der R 19 hat Flair, ein charmantes Auto, das trotzdem auch als Familienkutsche treue Dienste leistet."

Was sagt uns dieses? Daß der R 19 ein nichtssagendes, aber überaus erfolgreiches, freundliches Auto ist, über das es nichts zu sagen gibt.

Clio - die fieseste Nummer aus dem Hause Renault. Und: Warum der R 5 geschützt werden muß

Der Clio ist im Prinzip die fieseste Nummer aus dem Hause Renault. Wissen Sie was? Jahrelang hat der so getan, als ob er „mit dem R 5 gaaaar nichts zu tun hätte". Den R 5 verdrängen?

Ach was, alles Quatsch, wer will denn so was? Wie ein Wolf im Schafspelz tigerte der Clio 1990 in die Verkaufshallen und spielte sich sogar noch als großer Gönner auf: Der R 5 könne und solle neben ihm weiterbestehen, sie beide hätten wirklich nichts miteinander zu tun, vielmehr könne und solle man doch in Zukunft engagiert zusammenarbeiten. Tja, und der arme kleine R 5 hat sich von diesem borniertem Jüngling einlullen lassen. Hat sich tapfer (vor allem durch seinen niedrigeren Einstandspreis) als „Campus" durch die Zulassungsstatistiken gekämpft, hat geglaubt, der neue, viiiel jüngere Kollege würde ja wirklich ein ganz anderes Aufgabenfeld beackern und daß das alles gar nichts mit seiner nahenden Verrentung zu tun hätte. So sind sie, die alten treuen Kämpen: blind! Blind, wenn ihr Ende naht. Sie wollen es einfach nicht wahrhaben.

Und heute? Seit Monaten wissen es alle, doch keiner weiß, wie man es ihm sagen soll. Der R 5 wird sterben. Und der Clio rollt weiter. Man wird sich an ihn gewöhnen, man wird den Alten noch eine Weile vermissen und schließlich vergessen. Der Neue sei ja viel zeitgemäßer und beweglicher und überhaupt. Das darf nicht so sein, das kann nicht so sein. Aus diesem Grunde fordern wir jetzt, hier und heute: Stellt den R 5 unter Naturschutz!

(Beitrittsformulare für den Verein „Rettet den R 5 - weg mit dem Clio" erhalten Sie ab sofort bei allen seriösen Renault-Vertragswerkstätten oder gegen Einsendung des 153,- Mark-Jahresbeitrags - in Briefmarken - an: „R d R 5 e. V.", Postfach 5, 5550 Rfünfenhausen. Bitte vergessen Sie nicht den frankierten Rückumschlag!)

Ist der Renault 21 / Nevada eine Spießerkarre?
Mit (anonymem) Bekennerschreiben

Weckt der R 21 Emotionen, weckt der Nevada Emotionen? Nada, Nevada. Öh, ja, also, 21, 22, 23...

Lassen wir eine Betroffene zu Wort kommen (Name von der Redaktion geändert, auch mit Pseudonym gekennzeichnete Artikel geben nicht unbedingt die Meinung des Verfassers wieder).

Katharina N., 31, selbst.:

„Ich weiß noch, als sich bei uns das erste Kind ankündigte, also, da wurde ich zum ersten Mal mit dem Thema R 21 konfrontiert: Der ist doch ganz schick, verkündete der Familienrat. Und in den Nevada läßt sich doch so toll ein Kinderwagen verladen. Schluß sei jetzt mit den Faxen (bei den „Faxen" handelte es sich um ein Kat-loses BMW-Cabrio - 325i, mörderschnell - , Jahrgang 86, gebraucht, extrem günstig geschossen), wenn man Kinder habe, müsse man eben bestimmte Zugeständnisse machen. Und mit Baby könne man schließlich nicht offen fahren! Daß sie (1 Schwiegermutter, 1 Vater, 1 Mutter, 1 Bruder, 1 Schwager, 1 Großmutter, 2 Schwägerinnen in spe) mich statt dessen in einen R 21 wegschließen wollten - also, das ließ mich irgendwie an meiner Abstammung zweifeln (hatte man mich nicht damals, in eine alte Bildzeitung gewickelt, aufgelesen? Wurde ich nicht 1961 adoptiert und keiner hat es mir bis heute gesagt?). An der Zurechnungsfähigkeit der angeheirateten Zweige hatte ich sowieso des öfteren meine Zweifel.

Es entspann sich ein haariger Familienzwist. Mit Gewalt versuchte mich die Mehrheit in einen R 21 zu zwingen („Sei doch vernünftig! Du kannst ja auch den Fließheck nehmen, wenn dir der Kombi zu doof ist! Es gibt auch ein Stufenheck, der ist doch auch ganz schick!"). Und auch der Hund (Stockmaß 1,09 m, langhaarig) schien sich irgendwie mit Nachdruck in die Diskussion einzumischen. Neuerdings fing das Vieh immer an, mir sehnsüchtig hinterherzublicken, wenn ich - voll der revolutionären Gefühle - nach dem Sonntagskaffee in meinem offenen BMW flüchtete. Der Idiot - mit seiner Größe war selbst der Kombi für ihn noch viel zu klein, aber das wußte er wohl nicht oder er wollte es partout auf einen Versuch ankommen lassen. Das war 1989. Ich habe mich - anders als 5057 Renault-21-Stufenheck-Käufer, 1436 Renault-21-Fließheckkäufer und 4978 Nevada-Käufer dieses Jahrgangs NICHT rumkriegen lassen.

Warum ich darüber so glücklich bin?
Der R 21 ist eine der häßlichsten Rostlauben, die ich kenne.
Die Kisten sind gesichtslos und langweilig.

Nur Spießer (vornehmlich mit kunstgewerblichem Einschlag beim Nevada, sturspießig bei R 21) kaufen freiwillig so ein Auto, alle anderen haben ihn nur geliehen oder beim Kauf verwandtschaftliches Schmerzensgeld (s.o.) erhalten."

Kann der Safrane (und Verwandte) wirklich ein französischer Mercedes sein?

Hoppigaloppi: Attacke auf die Oberklasse - Renault kann es nicht lassen. Französischer Mercedes ist machbar, Herr Nachbar. Das Fließheck mußt du da schon in Kauf nehmen - damit dir möglichst viele Spötter den Buckel runterrutschen können. Der soll ja jetzt auch tatsächlich anständig verarbeitet sein. Ist es Häme, ist es gemein? Warum können die Autotester den Safrane nicht einfach Safrane sein lassen? Nein, es muß wieder sippenhaftmäßig darauf herumgehackt werden: „Unser Testwagen klapperte tatsächlich nicht", vermeldete beispielsweise AutoBild freudig erregt. Immerhin - wer incognito bleiben will - muß Safrane fahren. Genau die Karre, bei der man sich nie ganz sicher ist, ob sie eben an einem vorbeigefahren („War da was? Was war das?") ist oder nicht. Ein Auto zum Untertauchen, der Typ, von dem du im ersten Moment denkst, du kennst ihn irgendwoher. Und noch während du darüber nachdenkst, woher - hast du ihn vergessen...

Nun wollen wir nicht so sein. Leute, seid doch froh, daß der R 25 weg ist. Genau, das war die Schaukel, bei der man einen mehrtägigen Fortbildungskurs an der Volkshochschule („Acht Wege, mich meinen Cockpit-Bedienungselementen zu nähern") belegen mußte. Irgendwie scheint es sich dabei um ein dominantes Gen zu handeln - von dem Knöpfchenkuddelmuddel und Schalterchaos hat auch der Safrane was mitgekriegt. Es empfiehlt sich, nie ohne Beifahrer auf Tour zu gehen und stets folgende Ordnung einzuhalten: Fahrer konzentriert sich voll auf die Straße, Beifahrer voll auf die Innenraumsituation. Sobald (jaja, der Beifahrer muß vorausschauend denken) eine Veränderung der bestehenden Verhältnisse gewünscht wird (Radio lauter oder leiser, Frontscheibe heizen, Klimaanlage wärmer/kälter, Blinker links an etc.), schreitet der Beifahrer zur Verlesung entsprechender Ausschnitte aus dem Handbuch (es empfiehlt sich eine mild-freundliche Stimmlage, was auf jeden Fall vermieden werden sollte, ist die Bevormundung des Piloten!).

Den Opa von Safrane wollen sie auch kennenlernen? Sie lernen nix dazu. Je weiter wir in die niederen Äste des Stammbaumes hinabsteigen - um so düsterer sieht es aus. Der R 30, tja, das war einfach die eckigere Space-Age-Edition des R 16, an der die automobile Historie nahezu spurlos vorübergezogen war.

Espace - die perfekte Tarnung für Verkehrsrambos mit moralischen Beschwerden

Nicht, daß Sie auf die Idee kommen, da habe sich jemand einen Twingo geschnappt, die Luftpumpe gezückt und gepumpt bis unmittelbar an die Platzgrenze. Nee, nee, der Espace war zuerst da. Während Anti-Espacisten hartnäckig behaupten, er sei „im Prinzip immer noch gut," glänze aber „durch eine Fülle von Detailmängeln",

sind die Besitzer dieser mobilen 1-Zi.-Appt. (o. WC u. DB, aber m. Do.-Be., max. 8 Pers. ca. DM 60.000,- incl. V6) in der Regel „stolz, voll den Überblick zu haben". Was eigentlich nichts anderes heißt, als daß der Espace nach wie vor die unauffälligste und eleganteste Tarnung des Verkehrsrambos ist. Sie wollen gnadenlos heizen und dabei so tun, als ob sie nur wegen der großen Familie auf diesem Bock sitzen? Herzlichen Glückwunsch, der Espace (mit 3-5 Kindersitzen komplett und perfekt) ist das optimale Fahrzeug für Sie (Väter sind keine Rowdies, die gucken abends mit den lieben Kleinen Sandmännchen!). Sie lieben es, ängstlichen Verkehrskontrahenten auf die Pelle zu rücken, bis sie sich verschämt und verschreckt auf die rechte Fahrspur verkrümeln? Herzlichen Glückwunsch, der Espace ist maßgeschneidert für Sie. Sie brauchen NIE wieder die Lichthupe, beim Espace reicht die nasenartige Front - dem Vordermann beherzt ins Genick gedrängt (Ja! Noch ein Stückchen näher! Jetzt sitzen Sie ihm wirklich „im Nacken"!) und der Weg zum Horizont ist frei. Den brutalen Heizer, den fiesen Raser, das Asphalt-Arschloch - niemand

wird je wagen, Sie so zu titulieren. Mit dem Espace weisen Sie sich unwiderruflich als
- a) begnadeter Fotograf und Erbe,
- b) strapazierter Familienvater (hochgradig fortpflanzungsfähig und -willig),
- c) sozial engagierter Mitbürger (Kindergarten? Behindertenausflug?) oder
- d) Karriere-Handwerker

aus. Gibt es eine bessere Tarnung? Nein! Solche Menschen rasen nie, und wenn - müssen und dürfen sie rasen. Ist doch so. Was denken Sie, wenn Sie einen rasenden Espace sehen? Sehen Sie: Dahinter steckt dann immer ein beruflich, privat, sozial oder familial zu begründender Notfall.

Alpine - die schnellste Möglichkeit, dem Renault-Image davonzufahren

Die absolute, ultimative Heckschleuder. Eins war sicher: In jeder Kurve, in der dich dein Heck überholte, konntest du ganz ruhig bleiben; Alpine fahren war sooo schön - da spielte es gar keine Rolle, ob du im Graben oder auf der Piste unterwegs warst.

Irgendwann machten die Renaulttechniker was Fatales - sie brachten der Alpine Manieren bei. So kann die Alpine der Neuzeit etwas ganz Erstaunliches: geradeausfahren. Und das Heck bleibt - meistens - da, wo es hingehört. Außerdem ist es inzwischen durchaus möglich, während der alpinen Tour Radio zu hören. Einen Spaß gönnt die Alpine einem heute trotz aller „Verbesserungen" noch: Man kann jedem Porschefahrer jederzeit einen hochkarätigen Adrenalinschock bescheren: 260 PS reinster Kunststoff wollen (nicht nur im freien Fall bergab) erst mal überholt werden.... Auch heute ist die Lenkung noch so direkt, daß selbst leichteste Zuckungen im kleinen Finger sehr schnell in einen rasanten Fahrbahnwechsel über drei Spuren ausarten.

Die Alpine beschleunigt infernalisch, das Gehirn des deutschen Durchschnittautofahrers hat in der Regel Schwierigkeiten mitzuhalten. Um Kieselsteine sollte man einen großzügig angelegten Bogen machen: Der vordere Spoiler sitzt so tief, daß schon kleinste Hindernisse für Kantenfraß sorgen. Einen großen Auftritt sichert dem/der ungeübten Alpinefahrer/in nach wie vor die vollkommen schwachsinnig plazierte Türverriegelung und -öffnung: Wer es geschafft hat, reinzukommen (leichte Gymnastik und Dehnungsübungen empfehlen sich zur Vorbereitung und Muskelerwärmung), bleibt womöglich lange drin - den inneren Türgriff haben begabte Techniker irgendwo links unten neben dem Sitz versteckt (mehr soll an dieser Stelle nicht verraten werden...). Ganze Herden verzweifelter Alpine-Neulinge (max. 65 kg) haben SIE schon durch das Seitenfenster verlassen (Diese Blamage! Auf der Tankstelle! Vor Publikum!).

Wer perfekt getarnt sein will, fährt mit der Alpine richtig. Die erkennt garantiert keiner und so kann man Schwiegermutter was vom „umgebauten Käfer" vorfaseln, bei Finanzbeamten den „Eigenbau mit Dieselaggregat" deklarieren und SIE der neuen Flamme als Lamborghini speciale verkaufen. Widerspruch wird es keinen geben - nur Staunen.

Von dreckigen Pfoten - noch eine kleine Gemeinheit am Rande

Wo war das noch? R 25? R 21? R 11? R 9? R 16? Clio? Ist ja schnurz. Halten wir fest: Irgendwann kam irgend jemand bei Renault auf die Idee (er muß viiiiele Reifenpannen und einen ewig versyphten Kofferraum gehabt haben), den Ersatzreifen außenbords, also unter dem Kofferraum anzubringen: „Dann muß man nicht immer alles ausräumen, wenn ES mal passiert". Vom Ansatz her: eine durchaus lobenswerte, verbraucherfreundliche Idee. Allerdings rostete die Stahlhalterung des Reifens gnadenlos. Was zur Folge hatte, daß entweder a) der Reservereifen sich irgendwann unbemerkt verabschiedete oder b) im Falle eines Falles nur noch mit der Flex zu lösen war. Was davon unangenehmer ist? Müssen Sie selbst entscheiden. Und vergessen Sie dabei bitte nicht: Besonders im Herbst (Kuhtrieb!) und Winter (Matschsalzlake!) bot sich dem Reifenwechselwilligen natürlich eine unglaubliche Sauerei an.

RENAULTS WICHTIGSTES WERKZEUG	RENAULTS ZWEITWICHTIGSTES WERKZEUG
(IM PREIS INBEGRIFFEN)	(NUR BEIM SONDERMODELL INCL.)

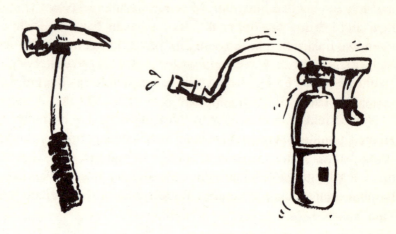

TYPOLOGIE

Der psychosoziale Renaultführer für Anfänger und Fortgeschrittene, zum Wiedererkennen, Abgewöhnen und Einsortieren - 48 Fallstudien

WER FÄHRT EIGENTLICH ALPINE?

Der Ex-Gigolo
Ein Typ wie sein Auto. Was war er für ein Feger früher: kaum zu bändigen, draufgängerisch, unberechenbar, stets zu heiß, höchst sensibel, immer begehrt, permanent bewundert, von allen umschwärmt. Und heute? Der Lack ist ab und immer irgendwie zu grell. Großspurig kommt er daher und hält doch nicht, was er verspricht: Der irish-moos-schwangere Goldkettchencharme des in die Jahre gekommenen Gigolos - das ist es, was ihn und seine Karre eint.

Der treue Alpine-Freund
Scheint auf den ersten Blick sympathischer, trägt aber ebenfalls schwer am Erbe vergangener Tage. Er ist der treue Alpine-Freund, der vor allem Pluspunkte durch sein hartnäckiges Bekennertum sammelt. Er steht zur Alpine auf trockenen wie regennassen Straßen, und wer es genau wissen will, erfährt umgehend warum: „Damals, Susi und ich, im Zelt bei Le Mans, wir waren Tage getrampt, der Gaskocher säuselte, die Motoren dröhnten, der Bordeaux knallte. Und da stand plötzlich Jean Redele (der „Vater" der Alpine) vor mir." Der Mann ist Mitglied im deutschen Alpine-Club („Le Turbot") und spricht sein Auto zärtlich mit „Sie" an.

Der verklemmte Alpine-Freund
Wehe, wenn er losgelassen. Die enge Verwandtschaft zum Typ „treuer Alpine-Freund" läßt sich nicht leugnen. Einziger gravierender Unterschied - der Mann schämt sich seiner Leidenschaft. Seine alpinistischen Gelüste verdrängt er alltags so vehement, wie er seine Alpine in der Tiefgarage wegbunkert. Nur seine allerengsten Vertrauten (der ortsansässige Renault-Händler, die kleine Biene vom Imbiß vorne an der Ecke, seine 14 Jahre ältere Schwester) wissen von seiner Passion (an hellsichtigen Tagen spricht er leise von einer „Krankheit"). Lediglich der Haushälterin ist nach Jahren etwas klar geworden. Elsbeth Schiffmeier: „Also, immer, wenn er die Steppenwolf-Kassette sucht, sich in diese komischen Röhrenjeans und Turnschuhstiefel schmeißt und dann zu Fuß für mehrere Stunden verschwindet..."

Der Spekulant
Nachdem er jahrelang seine tägliche Adrenalindröhnung mit dem An- und Verkauf von Schweinehälften und Tankeranteilen philippinischer Reedereien erzielt hat, sucht er jetzt den ultimativen Thrill: Spekulation mit alten Alpines. Eine A 108 steht irgendwo bei Dieppe („Ha! Erste Hand! Originallackierung! Ha!"), eine A 110 wird im Allgäu („Den Ort? Ha, verrate ich nicht!") - höchstwahrscheinlich in den Stallungen eines Haflinger-Gestüts, selbstverständlich eingeschweißt - versteckt. Jetzt beobachtet er den Verfall des Oldtimer-

Marktes, beschäftigt sich intensiv mit den Gebrauchtwagenpreisen und trifft sich dreimal die Woche mit dem japanischen Au-pair-Mädchen Hikkahono („Ich viele Autofreunde kennen zuhause"), das seit Mai die Kinder seiner Schwester dressiert (halbtags). Er denkt über den Erwerb weiterer Fahrzeuge intensiv nach und plant eine Sternfahrt nach Tokio.

WER FÄHRT EIGENTLICH R 5?

Die Durchschnittstussi
An ihr ist die gesamte automobile Weiterentwicklung der letzten Jahre spurlos vorübergezogen. Sie schwört nach wie vor auf „den kleinen Freund", weil er „so wendig ist, ein süüüßes Frauenauto". Mit dem kutschiert sie ihre Tennissachen und die dreckigen Turnschuhe der Kinder durch die Gegend und freut sich über jede Fünf-Meter-Parklücke, die sie störungsfrei anlaufen kann („Mein Kleiner"). Ihr Mann, der Jürgen, versteht „absolut nicht, was sie an dem Scheiß-Franzosen gefressen hat". Sie jedoch wertet ihren hartnäckigen Widerstand gegen einen Opel Corsa als eindeutiges Indiz fortgeschrittener Emanzipation.

Der notorische Mittzwanziger
Hat sich einreden lassen, der R 5 sei billig und zuverlässig. Der Mann trägt die Haare rund fünf Zentimeter am Trend vorbei (zu lang, viiiiel zu lang), schwört auf Wrangler-Jeans und treibt sich vorwiegend in Hinterhofwerkstätten rum. Hier kennt sein ehemaliger Studienkollege einen, der einen kennt, der einen kennt, der ihm die Karre „gaaaanz billig wieder auf Trab" bringt. Immer, wenn die Jungs an den Bremsen fummeln, überlegt unser Typ, ob er nicht vielleicht doch auf einen neuen Fiat Panda umsteigen sollte. Senkt sich die Hebebühne - sind alle Bedenken wie weggeblasen. Er sieht ja auch echt irgendwie eigen aus, mit der roten und der blauen Tür, und der Kotflügel ist doch jetzt auch wieder fast wie neu. Und der Schrauber grinst und sagt: „Alter, mit der Karre kommst Du glatt noch bis Heraklion!"

Der Überzeugungstäter (mit Weitblick)

Wie lange ist es her, daß er uns zum ersten Mal predigte, die Zeit der Großraum-Limousinen sei vorbei? Ist ja auch egal. Jedenfalls erinnern wir uns alle noch genau, wie Onkel Horst seinen Ascona verditscht hat (auf dem Automarkt) und sich dann diesen Schuhkarton zulegte. Tante Elli wollte ja erst um keinen Preis einsteigen („Was sollen die Nachbarn denken"), aber inzwischen finden wir es alle „irgendwie cool", daß die beiden immer noch mit ihrem kleinen Freund rumdüsen. Ist doch scharf. Und noch schärfer ist - daß er tatsächlich noch immer fährt. Nee, nicht der Onkel, der Wagen natürlich. Obwohl Onkel Horst seinen Lappen auch schon ewig hat. Hat auch immer seine Urkunde für „25 Jahre unfallfreies Fahren" dabei. Ach ja. Und stellen Sie sich vor: Er war dieses Jahr mit seinem Renault sogar in München. Und: Er liebt die „neuen Perspektiven im Osten" - denn Horst schraubt manchmal selbst ein bißchen (nicht an den tragenden Teilen) und „da drüben, da kriegst du überall billige Ersatzteile, das glaubst du gar nicht!"

Der Knickerige

Hier müssen zwei Varianten unterschieden werden. Da gibt es zum einen den ödipalen Knickerigen (Mama hat ihm den R 5 zum Vordiplom geschenkt) und den autarken Knickerigen (der hat den R 5 von seinem Jobbergehalt bei der Kurier-Pizzeria gekauft). Das Geschäft war ein absolut bärenmäßiger Deal. „Alter," hat er immer wieder zu dem Verkäufer gesagt, man stelle sich vor „Alter" hat er tatsächlich gesagt, „dieser Heuler ist doch technisch von vorgestern. Mach mir einen guten Preis und ich nehm ihn dir ab." Naja und so hat er ihn echt günstig geschossen. Was er davon hat, wird er schon noch sehen.

WER FÄHRT EIGENTLICH CLIO?

Die Schickse
Sie arbeitet im Büro, hat die gehobene Sekretärinnen-Stellung ohne jegliche Aussicht auf Veränderung inne. Es sei denn, sie kriegt den Chef doch noch rum. Sie - nennen wir sie Ingrid - ist ohne Mann (frischgeschieden) und mit konstantem Übergewicht auf Achse. Sie trägt besonders gern Leggings, und ihr ganzer Stolz ist (vor Jahren im Ausland erstanden, aber echt!) ein MCM-Täschchen. Der Clio war das erste, was sie nach der Scheidung gekauft hat. Sie fand die Werbung immer so toll. Vor allem die, wo - ach, lassen wir Ingrid selbst erzählen: „Ja also, sie bringt ihn da - ist irgendwo da unten in Frankreich, Cannes oder - wie heißt noch der Salat? - ach ja, Nizza. Also, sie bringt ihn zum Hotel mit dem Auto. Und da stehen ganz viele Leute vom Jet-Set und die klatschen und johlen, als er da aussteigt. Und dann fährt sie weg und dann merkt er erst, daß die gar nicht für ihn geklatscht haben, sondern für sie!!! Starkes Ding, ehrlich, auch so, wie die Frau da dargestellt wird."

Der Möchtergern-Yuppie
Er ist BWL-Student mit italienischem Fascho-Haarschnitt, wohnt am liebsten und meistens noch bei Mama und Papa („Supertrend, diese Nesthockerei, sparst du ne Menge!"). Seine Freundin hat letzte Woche einen Modell-Wettbewerb in Itzehoe gewonnen. Vater wollte ihm ja eigentlich („jetzt, wo ihr beide schon so lange zusammen

seid") einen 190er schenken. Aber der Junge - Revolution muß manchmal einfach sein - hat sich von seinem Aushilfsgehalt von McDonalds einen Clio gekauft. Er findet es einfach angesagter und schicker, „den Nerz nach innen zu tragen". Und das ist ja auch gut für die Umwelt, wenn man nicht mehr mit dem Auto protzt, oder?!

Die Sparerin (abgründig)
Sie ist Dauerkunde bei Aldi und verbringt ganze Vormittage mit dem Studium von Supermarktinseraten (Preisvergleich!). Sie gönnt sich nix. Nur neulich, da hat ihr Mann rausgefunden, daß er doch nicht alles über seine Frau weiß. Da rief doch einer vom Otto-Versand an und sagte, sie könnten das tiefausgeschnittene schwarze Kleid, jaja, das mit der Straßstickerei, nicht zurücknehmen. Sie hätten das doch Freitag geliefert und es wäre ganz deutlich zu erkennen, daß das Kleid am Samstag getragen worden sei. Da könne man das nun wirklich nicht am Montag zurücknehmen, das müsse er schon verstehen. Seitdem fragt sich ihr Mann, wo sie eigentlich hin will mit ihrem Clio...

Das Statistik-Schwein
Kurzcharakteristik: unerkannt, unauffällig, unfaßbar. Es tritt im Verbund auf, absolut saisonunabhängig. Keiner weiß, wo die Typen herkommen, keiner weiß, wo sie hinfahren, fest steht nur: Sie fahren Clio. Und jeden Monat werden weiter Tausende gekauft...

WER FÄHRT EIGENTLICH NOCH R 4?

Der ewige 78er
Ja, genau, der mit dem Müsli. Der tägliche Körnerverzehr kommt für ihn immer noch einem Glaubensbekenntnis gleich, die Zubereitung (1/8 frischgeschroteter Dinkel, 2/5 handgequetschter Leinsamen, 1/4 Fruchtmix, luftgetrocknet und ungeschwefelt) wird allmorgendlich wie ein Ritual zelebriert. Er ist sich „gaaanz sicher", daß das vielversprechende Alternativ-Projekt, das er damals mit Uschi und

Franzl aufgezogen hat, demnächst Geld abwerfen wird. Man war damals einfach seiner Zeit voraus, aber der echte Profit ist demnächst wirklich kaum noch zu verhindern. Von der Gewinnausschüttung wird er sich eventuell ein Windrad in den Reihenhausvorgarten stellen (wir streiten uns schon seit 18 Monaten mit der örtlichen Baubehörde). Weil, so irgendwie ist das ja echt geiler, wenn man total autark ist, auch strommäßig. Hat sich denn gar nichts verändert für ihn in den vergangenen Jahren? Doch, doch - heute drängt sich ihm immer mehr der Verdacht auf, es gehe in Wahrheit nur noch darum, echt Spaß zu haben, die Welt verändert sich ja doch nicht mehr. Ein Gedankengang, den er „immer wieder versucht, zu verdrängen". Ideales Vehikel für die zerrissene Gemütslage - der R 4. Schließlich kann man damit auch die Freunde von der Autonative im Hinterhof unterstützen, wenn sie den Wagen reparieren.

Der Handwerker/die Handwerkerin
Er/sie hat jetzt kürzlich erst den väterlichen/mütterlichen Betrieb übernommen. Nach Jahren der Schufterei unter Papas/Mamas väterlicher/mütterlicher Fuchtel (Kostgeld abgeben!) ist er/sie endlich Herr/Herrin in der eigenen Firma. Eine starke Affinität zum alten Gefährt(en) hat man sich bewahrt („Mein kleiner Kombi! Den behalte ich. Jetzt erst recht!"). Der quietscht und knarrt so nett, und Generationen von Lehrlingen haben ihn versypht bis zur Unkenntlichkeit: „Da kannst du einfach auffen Fußboden aschen". Und unter den Sitzen, hinter dem Reserverad findet sich garantiert der 14er Schlüssel, wenn du ihn wirklich dringend brauchst. Im Armaturenbrett hat sich nach jahrelanger Nutzung eine Bildzeitungs-Ablagebeule eingeschliffen.

Oma und Opa mit Charisma
Die ewig Jungen, deren alternde Handgelenke so langsam doch Probleme mit der Pistolenschaltung haben. Ihren R 4 (erste Hand), zu dem sie eine fast irrational liebevolle Beziehung pflegen, haben sie sich zugelegt, nachdem sie während des Töpferkurses (ohne großes Talent und mit viiiel Bordeaux) in der Provence ihren vierten, gemeinsamen Frühling erlebten („War das schöööön"). Nach Frank-

reich fahren sie jetzt nicht mehr damit, aber für die Touren zum Zweithaus in der Nordheide ist er immer noch das Beste („Da fängt der Urlaub schon in der Garage an!"). Wenn es in die Oper geht - bevorzugen sie das Taxi, für weitere Strecken entlasten sie ihren „Rennie" mit Hilfe der Bundesbahn (Bahn-Card).

Reto Duckmann
Wie - kennen Sie nicht? Geben Sie das bloß nicht zu. Damit weisen Sie sich als absoluter Pistendepp aus..., DEN MUSS man doch kennen. Der Dauer-Ray-Ban-Brillenträger verleiht seinen Worten stets mit lautem Schniefen (kommt es vom Koks?) Nachdruck. Sein Revier ist die Piste und alles, was er dafür hält („Geile Atmo hier im Schlachthof, so existentiell, so ehrlich, so reduziert!"), und irgendwie (Reportagen? PR? Miezen?) schafft er es, mit seiner Meise auch noch Kohle zu machen. Seit gut vier Monaten bemüht er sich massiv, den R 4 als Trendauto zu etablieren. Der Speziallack (madonnabusenbeige) ist selbstverständlich extra angerührt, das Autotelefon und die Mörder-CD-Anlage sind doch echte „Basics" und „vollkommen logo". Mehrfach ist er samt angehender Trendkarre durch irgendwelche zweitklassigen Klatschspalten gekurvt. Wahrscheinlich nur deswegen, weil sein Kumpel Karl (Kunsthochschule, 5. Semester) ihn abgelichtet hatte („Pressemitteilung von Reto Duckmann, exclusiv für Sie, liebe Redakteurin"). Karl hat sich erst vor kurzem durch seine ausgefallenen Fotosessions mit ungeborenen Lämmern in gynäkologischen Praxen weit über die Stadt hinaus einen Namen gemacht.

WER FÄHRT EIGENTLICH ESPACE?

Der ewig unter Druck stehende Familienvater
Ein bemitleidenswertes Wesen - nennen wir ihn X. Es folgt eine Kurzchronik: Heirat mit Suse 1980. Da waren beide im Studium und autofrei. 1981 wurde Sammy geboren. Suse blieb („zunächst") zu Hause, während X sich von der Uni verabschiedete und erste Schritte auf der Karriereleiter unternahm. Parallel wurde ein Fiat Panda

(„man braucht ja doch irgendwie ein Auto") erstanden. 1988 (richtig, unser Mann zeigt manchmal hartnäckige Züge von Unbelehrbarkeit) erstand X parallel zur zweiten Schwangerschaft seiner Frau einen weiteren Fiat, diesmal einen Tipo („wir brauchen etwas mehr Platz"). Es folgten (der Mann lernt nix dazu) in zwangloser Reihe ein Opel Kadett C Kombi („Wir brauchen noch mehr Platz"), das dritte Kind, ein Opel Kadett D Kombi („der andere hatte immer was mit der Nockenwelle") und schließlich der Karrieredurchbruch („leitende Funktion") sowie ein Renault Espace. Heute ist Suse immer noch zu Hause. Und während X sich abstrampelt, um Espace bezahlen und Kinder abfüttern zu können, denkt sie dauernd darüber nach, „daß wir ja jetzt genug Platz im Auto haben. Genaugenommen ist ja noch mindestens ein Platz frei". X will keine weiteren Kinder („nicht noch mehr") und empfindet an schlechten Tagen eine Art Haßliebe für seinen Wagen.

Die erfolgreiche Fotografin
Jung, modern, aufgeschlossen und ungebunden. Sie arbeitet freiberuflich, und - seitdem sie ihren Kunden klar gemacht hat (war ein zäher Kampf), daß sie nicht nur attraktiv, sondern auch kompetent ist - auch sehr erfolgreich. Von dem streß- und reiseintensiven Job erholt sie sich bei ausgiebigem Golfspiel und auf ausgedehnten Rennrad-Touren durch den Freihafen: „Da gibt es so selten Gegenverkehr nach 24 Uhr". Ihr britisches Designerrad ist stets mit auf Tour: „Beim Espace checkt doch keiner, ob unter dem Equipment noch das Fahrrad liegt..."

Der gesetzte Geschäftsmann
Er ist ebenfalls selbständig (die Freiberuflerquote ist gerade beim Espace erstaunlich hoch). Unser Typ, ein Steuerberater, lehnt es aus ideologischen Gründen ab, Mercedes oder BMW zu fahren, sieht aber ein großes Auto als „unerläßlich für den Geschäftserfolg" an. Den teuren Espace hat er sich gekauft, indem er sich was von „Eigen-PR" und „Werbeeffekt bei den Kunden" vorgemacht hat. Auch seine gehbehinderte Mutter mußte als Alibi beim Kaufentscheid herhalten („Sieh mal, wie gut du hier ein- und aussteigen kannst. Und die Sitze

können wir dann drehen, wenn wir mal eine schöne Überlandtour machen!"). Sehen wir die Fakten so wie sie sind: Der Mann hat sich in den Espace verknallt und leidet irgendwie an schlechtem Gewissen. Bei uns bleiben Zweifel, ob er ihn sich in letzter Konsequenz wirklich leisten kann und soll. Auf jeden Fall findet er es „toll, jetzt immer den Überblick zu haben". Wenigstens in Sachen Sitzposition.

Der Marktlückler
Ewald hat immer ein bißchen zuviel Adrenalin im Blut. Für ihn ist das Leben schlechthin „der große Erreger", und alles, was man zu tun hat, ist „die richtige Idee im richtigen Moment zu entwickeln". Kein Saisongeschäft, das Ewald nicht schon ein bißchen cleverer als alle Cleveren abgewickelt hat (Super! Der haltbare Weihnachtsbaum schon im Oktober! Zum Dumpingpreis! Direkt aus Ungarn/GUS! Helfen Sie unseren Brüdern und Schwestern auch im Osten!). Keine Marktlücke, die vor Ewalds Spürsinn sicher ist. Jetzt will er „endlich im ganz großen Stil zuschlagen". Und deshalb muß auch richtig investiert werden. Und zwar in fünf V6-Espace, mit Videoschnittplatz, Fax, Computer und Telefonanlage zum mobilen Kleinkonferenzkarren aufgerüstet. Ewald sieht als Markt für seinen neuartigen Mietservice („Nur arbeiten müssen Sie noch selbst!") vor allem die neuen Bundesländer, China und irgendwann auch Ex-Yugoslawien („für den Wiederaufbau").

WER FÄHRT EIGENTLICH TWINGO?

Der Öko (Überzeugungstäter)
Seit Jahren schon spart er auf ein E-Mobil. Nervt sämtliche Pressesprecher sämtlicher Automobilkonzerne, indem er sich ausdauernd und ohne Rücksicht auf Verluste als „Testfahrer für einen großangelegten Öko-Modell-Versuch, hier direkt bei mir in Todendorf/Mollhagen" andient. Jetzt hat er erkennen müssen: Todendorf/Mollhagen hat keine und wird auch nie eine kriegen - die Ladestation fürs E-Mobil. Die nächste findet sich in Hamburg und da „macht man ja den Öko-Effekt voll wieder zunichte, wenn man jedesmal 60 Kilometer nur zum Auftanken fährt. Schöne Scheiße!"Jetzt will er sich einen Kompromiß kaufen. Auf den „Zoom", das variable E-Mobil aus dem Hause Renault, kann und will er nicht warten. Der Mazda 121 war es irgendwie noch nicht, aber mit dem Twingo kann er
  a) sich anfreunden (endlich ein Auto mit Gesicht),
  b) sein schlechtes Gewissen beruhigen (ist ja nur ein Kleiner und
     braucht auch ganz wenig)
  c) und sich rasch fortbewegen.
Der Umstieg vom Fahrrad auf den Twingo wird selbstverständlich psychologisch begleitet. Mögliche Schockreaktionen, Entzugserscheinungen u.ä. wird seine gruppendynamische Runde schon auffangen. Monatelang hat man sich hier auf seinen Autokauf vorbereitet (Kann ich? Darf ich? Warum denke ich, ich darf nicht und welche Rolle spielt dabei meine Mutter auch im Hinblick aufs Stillen? Bin ich gestillt worden oder nicht? Im fahrenden Auto?).

Der Leidende
Er hat den Twingo bereits geordert (mit regulärer Anzahlung, ohne Abenteurer-Rabatt), als die ersten Zeichnungen des neuen Kleinen bei „Auto, Motor, Sport" schemenhaft über die Seiten geisterten. Er ist stets kurzentschlossen, arbeitet Pläne trotzdem immer präzise aus („Eine gewisse Effizienz ist wichtig"). Hauptbeweggrund für seinen Twingo-Kauf war die Tatsache, daß er weit draußen auf dem Lande wohnt, bar jeder Bus- oder S-Bahnverbindung. Der Kerl ist stark fahrgemeinschaftsgeschädigt und im Verlauf der Jahre im Grünen

zum Beifahrer-Hasser mutiert. Jetzt hofft er, daß der Twingo ihn aus dieser Misere rettet („Tut mir leid, ich KANN Sie nicht mitnehmen, sehen Sie selbst, der Wagen IST zu klein). Jetzt steht ihm das zweite Drama bevor. Unser Fahrgemeinschaftenhasser wird sich im Laufe weniger Wochen zum Industriefeind mausern. Er hat einen der ersten Twingos gekriegt - und ahnt schon, daß es sich um ein Montagsauto handelt (Kommentar Renault: „... natürlich Zeit, bis... neuer Produktionszweig... nicht ohne Reibungsverluste... da kann schon mal... Probleme... nicht wir verantwortlich... werden umgehend... kümmern natürlich.")

Die heiße City-Mieze
Attraktiv, langbeinig und -mähnig mit einem leichten Hang zur Magersucht (allerdings nur unter großem Arbeitsdruck und bei unbefriedigenden Privatverhältnissen). Sie peilt stets Parkplätze mit Untermaß an (dafür aber direkt vor der Tür des Kunden), arbeitet seit fünf Jahren bei der Agentur „CCPO Europe" als Kontakterin. Leidet trotzdem oder deswegen unter schwerer Kontaktstörung: In den letzten drei Jahren hat die 24jährige bereits diverse (waren es 7?) Journalisten von Print und TV in kurzlebigen Beziehungen verschlissen. Der Twingo wurde in einem unkomplizierten Transfer (Anzeigengegengeschäft im Kundenauftrag) vor ihr Loft spediert („Man muß ja auch mal Vorteile durch den Job haben").

„Modell Biggi"
Sie ist einfach zauberhaft, natürlich, sportlich unkompliziert, wir nennen sie das „Modell Biggi". Modernes Styling fasziniert sie, sie will alles, nur kein „Allerweltsauto". So was wie den Twingo hat nicht jeder, meint sie, vor allem ihre Freundin aus Starnberg nicht. Sie sucht das Sympathische im Auto und neigt dazu, ihr jeweiliges Gefährt zu personalisieren („Der Twinny"). Ab und zu möchte sie mal ausbrechen - aber bitte nur kurzfristig und nie über die Autobahn („Ich bevorzuge die Landstraße, da ist es friedlicher"). Autozüge, Fähren und Parkhäuser führen bei ihr leicht zu Phobien. Selbst ist die Frau - diesem Problem wird jetzt mit minimalistischem Autoeinsatz begegnet. Ach, sie hat schon öfter den Espace ihres Mannes ange-

ditscht? Können wir kaum glauben. Außerdem: Darüber müssen wir nicht weiter reden, das kann jedem mal passieren. Viel wichtiger ist doch: Hier scheinen wir eine Renault-Family ausfindig gemacht zu haben!

WER FÄHRT EIGENTLICH R 19?

Der Durchschnittie 01 (Ost, mit Franzosen-Flair)
Jaja, ein Kompakter soll es sein. Aber einen Popel-Opel? Nie! Astra? Um Himmels willen. Der Mann ist durchschnittlich, aber er ringt um seine Individualität. GTi findet er i. Und so bleibt über kurz oder lang - nur der R 19. Das Auto ist maßgeschneidert für unseren Durchschnittie mit Flair: Es vereint die Vorzüge eines Massenartikels (Vertrauen! Anständigkeit! Sicherheit! Normalität!) mit denen eines Individualisten (Charme! Schick! Lebenslust!). Das kommt vor allem in den Gebieten östlich der alten BRD gut an. Wenn es zum

Garnichts keine Alternativen mehr gibt - soll wenigstens die Kutsche noch die Idee des Laissez-faire vermitteln. Und als Antithese zum Wessie-Golf läßt sich kaum was Besseres finden!

Der Durchschnittie 02 (West, ohne Flair)
Prinzipiell starke Ähnlichkeit mit Typ R 19/01. Nur das Bewußtsein fehlt. Hier wird gnadenlos R 19 gekauft, weil das Portemonnaie mitentscheidet und der neue Golf irgendwie doch mit allem Drum und Dran zu teuer wäre. Design- und Abstammungsfragen sind eher nebensächlich. Die kompakte Fortbewegung zählt. Allenfalls läßt sich eine leichte Antihaltung den „Japsen" gegenüber ausmachen (wird nur im engsten Freundes- und Bekanntenkreis bekannt), die gern als pseudoeuropäisches Selbstbewußtsein ausgegeben wird: „Für mich kommt nur ein europäisches Auto in Frage! In diesen Zeiten! Und überhaupt!"

Spießer
Siehe auch Typ 01 sowie Typ 02. Abwandlung hier: deutlicher Spießer mit leichtem Hang zum Ausflippen (nach dem 14. Bier, Samstagabend beim Sportstudio, wenn die Kinder wieder quaken, in Auseinandersetzungen mit Ursula). Im Alltag manifestiert sich diese Ausflipp-Neigung vor allem beim Autokauf: Da wird der Spießer zum Spieler und knobelt eiskalt aus, welcher Kompaktie es denn nun sein soll. Und so ist er beim R 19 gelandet. Tja.

Die bekennende R-19-Liebhaberin
Sie arbeitet als Lehrerin und fährt in den Herbstferien am liebsten („Hach, das machen wir schon seit Jahren so!") mit ihrer Mutter nach England. Nach anfänglichen Umstellungsschwierigkeiten (Linksverkehr) genießen die beiden „Bed & Breakfast" und ihren R 19 gern auch auf ausgedehnten Landpartien. Man schätzt den Wagen wegen „seiner schönen Form" und auch wegen - ja, sprechen wir es ruhig aus - „dem französischen Lebensgefühl, das er einem doch irgendwie vermittelt". Wie sie auf diese Idee kommt, erschließt sich Kennern genausowenig, wie ihr Statement „der R 19" sei „doch rassig".

WER FÄHRT EIGENTLICH RAPIDE?

Der Notgedrungene
Muß von Berufs wegen fahren, hat sich und seine Stoßdämpfer auf endlosen Touren (über Land) durchgeschlagen. In der vierten Generation sind die Meisers als Scherenschleifer auf Achse und bei Meiser jr. erhärtet sich langsam der Verdacht, daß sein Gewerbe keine Zukunft mehr hat. Seit 60.000 Kilometern ist er mit seinem Rapide verwachsen. Und er haßt („Warum nur, warum? Und ich muß in dem Mistbock auch noch arbeiten!!!") den Wagen. Jeden Ölwechsel verschiebt er bis zum Geht-kaum-noch, jeden Glutfleck läßt er in aller Ruhe ausglühen. Meiser jr. und der Rapide - eine unselige Verbindung, die selbst das Einparken zum Kampf ausarten läßt („er oder ich"). Möglichkeiten einer Trennung oder Scheidung sind bis jetzt nicht in Sicht, und so schlägt man sich ohne Rücksicht auf Verluste gegenseitig Wunden („Wirst Du wohl 120 fahren!!?", „Ha, Du hast gedacht, ich hab noch Sprit im Tank, wa?!")

Der Heißersehnte
Wenn du diesen Typen nicht kennen würdest, wüßtest du gar nicht, daß es den Rapide gibt. Er gehört zur Firma Schnellmann, oder Groß, zum Betrieb Kristensen oder Ipsan. Deine Heizung ist hin und draußen sind minus sechs Grad? Du hockst klappernd vor dem Kamin und verfeuerst gerade die letzten Tageszeitungen? Du hast gestern schon den ganzen Tag gewartet und denkst jetzt über morgen und dein Freie-Tage-Konto nach? Herzlichen Glückwunsch - dann kennst du auch den Adrenalinschock, den du kriegst, wenn du meinst, endlich einen Renault Rapide in die Einfahrt rollen zu hören (bist du sicher, daß es nicht doch der Golf vom Briefträger ist?). Wenn du endlich den kleinen Roten (jaja, meist sind sie rot) mit den großen Panoramafenstern und dem kleinen Arschloch im Blaumann erblickst, der Heißersehnte endlich mit seinem Rapide um die Ecke tuckert („Ach Sie warten schon lange? Tja, kann man nix machen, einer krank, drei Notfälle und zwei im Urlaub, so issas nu mal") - dann lernst du Renault lieben...

Die professionelle Tupperin

Es fing alles so harmlos an. Brigitte ging zu Petra, und Petra hatte nicht viel verraten vorher („Sind ein paar Leute da, ganz netter Rahmen, kleine Überraschung"). Die kleine Überraschung entpuppte sich als riesige Tupperparty, in deren Rahmen „das Heinerle" (der praktische Plastikdosen-Tripeldecker: oben die Badehose, in der Mitte die Banane, unten das Readers Digest - schon bist du fertig für den Strandausflug) seinen großen Auftritt hatte. Heinerle überzeugte und wurde an diesem „phantastischen Nachmittag" gleich 12 mal verkauft. Und damit war es um Brigitte geschehen. Sie wollte mitmischen beim großen Plastikdosen-Deal - endlich schien die Aufgabe, nach der sie jahrelang gesucht hatte, zum Greifen nah. Heute erinnert sich Brigitte gern an ihre Anfänge („Hach, da hatte ich IHN ja noch nicht") und platzt vor Stolz, wenn sie auf ihren plastikdosenbeladenen Rapide im Vorgarten blickt.

Der/die Wohnungssuchende
Er/sie (ohne Hoffnung, aber mit Biß, 7. Semester Soziologie) ist seit vier Jahren im Besitz eines §-5-Scheines und sucht seit 39 Monaten eine Wohnung. Vor kurzem hat er/sie beschlossen, die Suche einzustellen und sich umgehend einen Rapide gekauft. Mit Gaskocher, Kleinstfuton und Batterie-TV wurde das Mobil auf- und ausgerüstet und erreichte binnen weniger Wochen städtische Prominenz: Er/sie hat (in Begleitung der lokalen Presse) beim Wohnungsamt vorgesprochen und Wohngeld beantragt. Als Bemessungsgrundlage solle man bitte statt der üblichen Quadratmeterzahl die PS-Angabe berücksichtigen...

WER FÄHRT EIGENTLICH R 21?

Doktor Griesgrämig
Der Mann will und muß sich grundsätzlich ärgern, und endlich hat er dafür das richtige Auto gefunden. Griesgrämig zieht er sich wöchentlich Fach- und sonstige Automobilblätter rein (AutoBild: „Wie kann ein Auto nur so rosten"?, AutoMotorSport: „...Nach wie vor vermittelt ...nicht das solide Qualitätsgefühl...") und dann leidet er. Der Blutdruck steigt, und auch der dezente Hinweis seiner Frau („Die

Ausstattung, die elektrischen Fensterheber") vermag nicht recht zu trösten. Griesgrämig ist endlich bei der richtigen Marke gelandet: Nach zahlreichen Test-Ausflügen zu Toyota und Mazda („zu glatt, zu gut, zu ausgereift, zu konsequent") hat er sich nun mit der gesichtslosen Japaner-Kopie aus Frankreich den richtigen Kick für seine cholerischen Anfälle angelacht.

Chefeinkäufer des Modehauses Blixen (am Markt in Husum!)
Klaus ist ein sonniger Typ: „Wichtig ist doch nur eins: Du bist - Individualist". Er ist Überzeugungstäter und fährt den R 21 vor allem, „um sich von der Masse abzuheben. So ein Franzose hat doch viel mehr Flair, und wo ich dauernd mit französischem Schick zu tun habe - lag das doch nahe, nicht?!" Außerdem ist Klaus dankbar, daß ihm sein Wagen Gesprächsstoff in der Stammtischrunde liefert (Motto: „Die zwei sind immer für eine Story gut").

Onkel Herbert und Tante Ilse
Nach ihrer letzten Studienreise an die Loire (alle Schlösser in 44 Stunden, inklusive historischem Briefing, Brunch und Intensiv-Sprachkurs - im vollklimatisierten Bus, nonstop, nur 345,- DM) haben sie sich entschlossen, „doch noch ein Auto zu kaufen, bißchen was Komfortables" - den R 21 TXI („damit man auch mal zügig vorankommt"). Auf der Rückbank - von der Fahrerkabine sauber durch ein Netz abgetrennt - sind stets die beiden Rassepudel („Ohne unsere Süßen wollen wir nie wieder los") mit von der Partie.

Onkel Herbert und Tante Ilse.

Der Preisausschreiben-Gewinner
Er ist 28 Jahre alt und hatte das große Pech, einen R 21 in der Lotterie zu gewinnen. Selbstverständlich war Barauszahlung nicht möglich, und nun versucht der arme Kerl seit fünf Monaten, mit Inseraten in überregionalen Fachzeitschriften das Auto loszuwerden. Bisherige Investitionskosten: 1324,68 DM incl. Mwst. Armer Kerl.

WER FÄHRT EIGENTLICH R 19 CABRIO?

Der Henkel-Hasser
Mehrere Sommer lang ging unser Mann mit einem Cabrio schwanger (Soll er? Soll er nicht? Und wenn ja - was? Schade, schade, einen BMW kann er sich wirklich nicht leisten, aber der wäre es natürlich, 100 Pro). Dauernd war ihm übel („Wenn ich diese Henkel sehe, könnt' ich kotzen") und die Suche nach dem bügelfreien Wagen entwickelte sich zur Manie („Könnte man nicht meinen Fiesta aufschneiden?"). Bis - ja, bis das R 19 Cabrio kam... Jetzt hat der Henkel-Hasser ein neues Problem: Wer baut ihm ein Hardtop für den Winter?

Der ewige Freizeitler
Er ist nicht ganz auf der Höhe der Zeit. Er träumt von Miami Vice, hält Boss-Klamotten nach wie vor für die ultimativen Teile zur Körperbedeckung und hat (immer wieder freitags) ein Abo im Sonnenstudio. Geschickt tarnt er seine Tätigkeit bei der Hypobank ab (Gleitzeit im Winter, Job-sharing im Sommer). Letzte Woche hat ihm seine Mutter eine Lederkappe („So was gehört einfach dazu") spendiert, weil sie fürchtet, daß seine Mittelohrentzündung chronisch werden könnte: „Warum muß der Junge denn auch immer ohne Dach fahren? Ist doch schon viel zu kalt". Sein Cabrio hat ihm eigentlich nur ein Problem beschert: Jetzt läßt sich Sylt nicht mehr per Tagesausflug abreißen („Einmal Nordsee hin und zurück - mit der DB im Salonwagen für nur 123,- DM"), nun ist die teure Karte für den Autoreisezug fällig. Das Kleinod muß ja mit...

Die Bestochene
Ein Jahr sind sie jetzt verheiratet. Das Plansoll ist erfüllt: Häuschen gebaut (Landhausstil, nur 45 Minuten bis in die City), Kind in Arbeit und SIE hat endlich ihren Job bei Petermann, Petermann & Söhne aufgegeben (körperliche Entspannung dient der Empfängnisbereitschaft). Jetzt hat sie sich in die rastlose Riege der Damen eingereiht, die Tag für Tag nur auf eines lauern: auf IHN, den Feierabend-Heimkehrer, der nach zehn harten Stunden aus der

großen, weiten, feindlichen Welt wieder in die kleine, heimelige Vorstadt eintaucht. Warum SIE nicht ausflippt? Na, wo er ihr doch im März dieses süüüße kleine Cabrio geschenkt hat, ich bitte Sie. Wer wird denn da noch ausflippen? Daß ER mit dem Renault-Händler längst den Austausch-Deal („Ich geb dir mein Cabrio - du gibst mir deinen Nevada") vereinbart hat, wenn das Kind dann da ist, das weiß SIE doch noch gar nicht. Über manche Sachen sollte man wirklich erst reden, wenn es soweit ist, oder?!

Der Alleshaber/die Alleshaberin
Der SL ist ja wirklich ein Traumauto, phantastisch. Also, die Schwaben wissen schon, was sie tun. Einfach toll, so ein herausragendes Auto fahren zu können. Teuer? Leistung hatte schon immer ihren Preis. Nur manchmal, jaja, er/sie denkt jetzt an die sonnigen Tage, an denen das pulsierende City-Life nach ihr/ihm schreit, manchmal hat der SL einfach doch Nachteile, man muß den Tatsachen ins Auge sehen. Stellen Sie sich vor: Stau in der Hafenstraße und Sie mittendrin im SL, zwischen Punks und Skins, na?! Sehen Sie - an manchen Tagen braucht man einfach ein Zweitcabrio, schon wegen der Parkplatzprobleme in der Innenstadt. Und da ist der R 19 doch optimal. Den knallt man auf den Kantstein, faltet ihn vor der Telefonzelle noch in die Parklücke und wenn er mal nicht mehr will/kann - ach, bei dem Preis, dann kommt er eben weg. Soll ja auch voll recyclingfähig sein, nicht wahr?

WER FÄHRT EIGENTLICH SAFRANE?

Der Salon-Sozialist mit Platzbedarf
Er weiß, daß in Frankreich die Konservativen Peugeot fahren und die Liberalen Renault. Auch wenn der alte Louis Renault damals... vielleicht doch ein Kollaborateur...naja, ist ja schon so lange her. Endlich ist der R 25 kein Thema mehr, endlich kann man sich offen und begeistert zu Renault bekennen. Der Safrane-Fahrer würde sich NIE in einen Stuttgarter oder Münchner setzen (schon das weist ihn als Exoten aus), und der V 6 mit seinen 170 PS hat doch wirklich genug Power. Daß er für rund 100.000 DM (es sollte schon die Baccara-Ausstattung sein) eben doch nur eine französische S-Klasse erstanden hat - macht ihn nicht etwa nervös, sondern stolz.

Der namenlose Mittelständler
Macht seit 19 Jahren in Kunstdärmen. Hielt sich für einen Vorreiter, einen Trendsetter der „europäischen Idee", als er ein Joint-Venture mit einer französischen Firma einging. Über die Konsequenzen seiner Entscheidung ist er sich erst im klaren, seit ihm die neuen, chere Kollegen (laut Vertragsvereinbarung) seinen Dienstwagen vor die Tür stellten. Jetzt ertappt sich unser Mittelständler immer häufiger bei sehnsuchtsvollen Blicken auf die S-Klasse, sogar auf 7er-BMW, die er doch eigentlich für „unzeitgemäße Dinosaurier einer vollkommen überholten Auto-Epoche" hielt. Sicher, dieser Renault scheint „wirklich nicht zu klappern und zu scheppern", die Verarbeitung ist o.k., der Komfort und die Ausstattung auch. Allerdings hat er einen intensiven Einführungskurs für die Bedienungselemente („Beherrsche deinen Wagen in nur drei Tagen") des Cockpits belegen müssen.

Der Schulleiter
Er ist immer Renault gefahren, und wird immer Renault fahren. Weil er es nicht abwarten konnte, hat er sich schon im Winter (drei Monate vor der Auslieferung in der BRD) aus Paris seinen Safrane geholt. Jaja, war schon aufregend, das Ding mit dem Zoll und bis man das alles so geregelt hatte. Jetzt ist er im Kollegium („Daß die immer

aufmucken müssen") ziemlich harten Attacken ausgesetzt - schließlich habe die französische Variante eine ziemlich magere Sicherheitsausstattung, noch nicht mal einen Airbag. Naja, und daß er dann gesagt hat, „Ich hab sowieso keinen Unfall", das war natürlich ein bißchen ungeschickt. Aber muß man denn wegen so einer ganz privat dahingesagten Kleinigkeit gleich Grundsatzdiskussionen über sein Verantwortungsbewußtsein anzetteln? Widerlich diese jungen Kollegen, manchmal sind sie einfach widerlich..

Der Formel-1-Freak
Seinen Führerschein hat er vor drei Jahren abgegeben, seinen letzten Wagen vor vier Jahren. Als Ersatzhandlung reist er - wann immer es die stillen Reserven auf seinem Konto bei der Raiffeisenbank erlauben - dem Formel-1-Zirkus nach (letztes Jahr durfte er sogar mal ins Phillip-Morris-Zelt). Seit er mit Nigel Mansell mitgefiebert hat, ärgert ihn, daß er keinen Führerschein mehr besitzt. Seit der Safrane auf dem Markt ist - macht es ihn wahnsinnig. Das wäre doch sein Auto (Sicher! Groß und überhaupt!)...

WER FÄHRT EIGENTLICH RENAULT NEVADA?

Der/die Kinderreiche
Eigentlich sollten es ja nur zwei Kleine werden, inzwischen sind es vier, und Ulli und Kirsten sind sich gar nicht so sicher, ob es nicht noch ein paar mehr werden könnten. Damals haben sie auch gesagt: „In diese Welt kannst du doch keine Kinder setzen", aber dann war Kirsten schwanger und, wie gesagt, inzwischen sind es vier und wie soll sich die Welt denn verändern, wenn nur die Arschlöcher Nachwuchs zeugen? So muß man das auch mal sehen. Der Nevada hat auch die vierte Geburt bisher unbeschadet überstanden. An Zeiten, in denen er in aller Ruhe zwei schweigende, saubere, stillsitzende, stubenreine Erwachsene und einen Cocker Spaniel durch die Gegend transportierte, kann der Wagen sich nur noch in schwachen Momenten erinnern. Seit er die zusätzliche Rückbank hintendrin hat und der Cocker unter der Erde (1500 qm eigener Garten!) ist, sieht der Nevada jedem TÜV-Termin mit gemischten Gefühlen entgegen: irgendwo zwischen Hoffnung und Panik.

Der Kleingärtner
Zeig mir deine Ladefläche und ich sage dir, wer du bist: Unser Mann transportiert in seinem Kombi: Verbandskasten, eine mobile Regenwurmaufzuchtstation (30 x 45 x 60 cm, luftdurchlässig), vier (!) Paar Gummistiefel (gelb, grau, blau, kackbraun, mit Profilsohle und ohne), einen aufklappbaren Hocker, jede Menge undefinierbar verschmierter und verschmutzter Printerzeugnisse (Frankfurter Rundschau, „Balduin der Gartenfreund", „Alles über Bodendecker auf 250 Seiten"), diverse Gerätschaften (nur von Gartenfachleuten oder Kriminologen zu identifizieren). Unser Mann ist (noch) ledig, was er alltags treibt, erschließt sich uns leider nicht (Bäcker? Getränkevertriebsfachmann? Abgeordneter der Grünen?). Seit zehn Jahren ist er Pächter einer Parzelle im „Kleingartenverein zum Weg No. 1", seit vier Jahren zieht er gegen den erbitterten Widerstand seiner Nachbarn ökologische Projekte auf seiner Parzelle durch („Das spezifische Verhalten von Löwenzahnsamen unter Einfluß von Gardena-Gartensprengern", „Die besondere Bedeutung der Parzellen-

versandung für das ökologische Gleichgewicht der Nachbargrundstücke").

Der Verarscher
Er scheint auf den ersten Blick fossile Züge zu zeigen - ist aber vielmehr Vorreiter einer neuen Bewegung: der Establishment-Verarscher. Warum er Nevada fährt? Ist doch klar, da hat man die Golfausrüstung immer dabei. Rolf ist jetzt 41 und hat endlich den Weg gefunden, späte Rache am Establishment zu üben, auf perfideste Weise. Vor 11 Monaten ist er in einen dänischen Golfclub eingetreten („Das war ein Riesenspaß: 150 Eier Jahresbeitrag, achtmal mit meinen dänischen Kumpels über den Platz und ich hatte Platzreife, drei Wochenenden später sogar Handicap. Und das alles hat mich nur drei Kisten Holsten gekostet! Tierisch nicht?!"). Jetzt zieht Rolf über die edelsten Golfplätze der Republik („Hamburg-Falkenstein, Düsseldorf-Hubbelrath, ha! Mach nur auf Greenfee, sollst mal sehen, wie die gucken, wenn ich da ‚Golfclubben Toftlund' in die Gästeliste eintrage! Hahaha!"). Nach dem Spiel lümmelt er gern in Jeans am Clubhaus-Tresen herum und flegelt gestreßte Vorstandsmitglieder hochkarätiger Unternehmen an. Wirklich, „ein tierischer Gag. Allein, wenn ich meinen Nevada zwischen den ganzen Daimlers, Jaguars und BMWuppdichs parke, hahaha!"

Die Vergewaltigte
Auch so was gibt es, vor traurigen Tatsachen darf man auch bei einer Renault-Typologie nicht die Augen verschließen. Vor drei Jahren - es war auf der Weihnachtsfeier - hat Regina (Inkasso) sich Klaus (Vertrieb innen/außen) hingegeben. Und seither kommt sie nicht mehr von ihm los. Daß sie auf diese Weise erst ihren Job und dann ihr sauer verdientes BMW-Cabrio losgeworden ist, inzwischen die Haare kurz und rot (früher: aschblond und lang) trägt, 14 Kilo abgenommen und sich auch an Pumps gewöhnt hat - das setzt sie bisher noch nicht in einen umfassenden Kontext. Schließlich muß man sich ja auch anpassen in der Partnerschaft. War bei Klausi doch genauso! Der fährt jetzt 7er BMW (statt Opel Astra), trägt Boss (statt Mustang) und die Haare modisch mit Gel aus dem Gesicht gekämmt.

Letztes Jahr im Herbst hat er ihr den winterbereiften Nevada vor die Tür gestellt („für Dich, mein Schatz"). Dieses Jahr im Herbst (er hat es wirklich so gesagt), wird er „ihr ein Kind machen". Tja, soviel zu den tiefen Abgründen, die sich hinter manchen Auto-Beziehungen auftun. Überüberübernächstes Jahr im Herbst? Ach, da haut Regina vielleicht in den Sack. Mit Kind und Nevada – den wird sie nämlich nicht so schnell wieder los, wie den Klaus. Wenn es ernst wird.

DAS FRÖHLICHE ABC
FÜR ALLE RENAULT-FANS
abschreckend - animierend - alarmierend

A wie „Abschleppen". Ein gestrandeter R 4 am Straßenrand? Ein verschlafener R 5 auf dem Parkplatz? Der Motor orgelt, die Besitzerin greint und - Sie wollen/sollen anschleppen? Vorsicht! Alle Teile, die sich zur Befestigung eines Abschleppseils bei diesen Fahrzeugen anbieten sind sensibel. Konfliktfähigen bietet sich nur die schroffe Abfuhrmasche für die hilfesuchende Lady an; Aggressiv-Gehemmte (mangelnde Durchsetzungsfähigkeit war schon immer Ihr Problem?), die wieder nicht „nein" sagen können, sollten sich klar machen: Tragende oder feste Teile sind bei diesen Fahrzeugen selten das, was sie dem Namen nach sein sollten. Es empfehlen sich: fester Blick in den Rückspiegel (habe ich noch das ganze Auto an der Strippe oder nur noch die Vorderachse/die Schnauze/die Motorhaube/die Stoßstange?) und ein ruhiger Gasfuß (wenn er anspringt, kommt er vielleicht gewaltig. Flucht nach vorn einkalkulieren!).

B wie „Beule". Was sagt Christian? „Nicht mit Namen" erwähnen. Der Mann weiß, warum er inkognito bleiben will. Beulen im Espace sind ekelhaft, Beulen im Espace sind peinlich, Beulen im Espace sind einfach Scheiße. Und Christian hat gleich beides: einen Espace und mehrere Beulen im ultramodernen Kunststoffkleid. Erst hat er sich nicht weiter drüber erregt („kannste wochenlang mit rumdüsen - rostet nie"), aber seit er versucht hat, die Dinger auszubeulen („du denkst, das ganze Auto zerbröselt gleich in einer Schaumstoffwolke"), sieht er das alles ein bißchen anders. Vor allem tritt jetzt bei Christian ein vollkommen neuer Wesenszug auf: Verkniffenheit. Und das ist sonst gar nicht seine Art. „Ich überlasse", gesteht der Erzliberale, der sich intensiv auch für die Frauenbewegung engagiert hat, „meiner Frau jetzt wirklich nicht mehr so gern den Wagen". Findet er ja auch irgendwie „echt machomäßig", kann aber „gegen dieses Gefühl nicht richtig an, so irgendwie."

C wie „Citroen". Die Feindschaft zwischen Renault und Citroen ist fast so alt wie das Auto selbst. Wenn Renault-Fetischisten und Citroenisten aufeinandertreffen, sollte man umgehend das Weite suchen, am besten in einem auffällig unauffälligen Wagen, der vor allem eins sein sollte - so unfranzösisch wie nur möglich (VW Golf? Hyundai Excel?). Denn hier geht es an die diffizilen Feinheiten frankophiler Hackordnung: Wer hatte den originellsten Defekt („Und fiel mir doch plötzlich die Tür ab!", „Ab Basel fuhren wir in Öljacken, es regnete rein"), den schlechteren Wiederverkaufswert („Sagt der doch zu mir: Wenn Sie 400 zahlen, nehm ich ihn mit!"), den größten Charme bei öffentlichen Auftritten („Wir also zum Auto und da sagt sie: Ach, Du fährst Renault/Citroen? Laß uns lieber den Bus nehmen."), den miesesten Werkstattservice („Warte also drei Tage und dann muß ich auch noch 648 Eier abdrücken"). Golffahrer, Mazdafreunde, Benzies - haltet Euch aus solchen Streitereien raus. Ihr KÖNNT nicht gewinnen!

D wie „Dirty Driving". 1975 war es, da traten unter der Devise „Matsch Fun" die ersten Wegbereiter der Geländewagen-Mania auf. Die hartgesottenen Kerle und Mädels (Cowboy-Stiefel, Joint und Iglu-Zelt) litten vor allem unter zwei Problemen: Sie waren ihrer

Zeit mindestens sechs Jahre voraus (niemand kannte damals das Wort „off-road"). Und sie dachten, ihr Renault Rodeo 4 sei tatsächlich geländetauglich, schließlich sah er echt martialisch aus. So traf man sich an lauen Spätsommerabenden unter dem Motto „Dirty Driving" heimlich in der Kieskuhle bei Güster und mußte - tief auf dem Grund der Kuhle, irgendwo zwischen Schaufelradbagger und Fahrrinne - einsehen, daß der Rodeo seinem Namen zwar alle Ehre machte („er bockt"), aber nur noch per Seilwinde wieder auf das sichere Terrain sauber geteerter Straßen zurückzubefördern war. Da half auch die ab 1/75 eingeführte, neue „automatische Rückführung des Scheibenwischers auf Nullstellung" nicht weiter...

E wie „Export". Ende der 50er kennt Frankreich zwei herausragende Exportschlager: Die „Dauphine" und die Bardot. Renault-Chef Dreyfus gibt die Devise aus, „alle Eier in den gleichen Korb" zu legen, um „so rasch wie möglich auf allen benachbarten Märkten Fuß zu fassen". Was lag näher, als die attraktive Blondine (Wie war das noch? 95-86-95?) und den kleinen Süßen (845 ccm-30 PS-3 Gg.)

zum Wohle Frankreichs zu verkuppeln: BB wurde Patentante des Dauphine-Verwandten „Floride" und nahm ihren Job ernst. Unzählige Fotos demonstrieren ihre liebevolle Zuneigung. Kritische Beobachter behaupten, daß diese weit über das normal verwandtschaftliche Maß hinausging: Mit Caprihose und ohne Strümpfe streichelte sie das Blech, sie rekelte sich in ihm und lehnte sich an ihn - wo immer sich eine Gelegenheit bot. Selten drängten sich Dritte zwischen das Paar. Die Aufnahmen, auf denen sie in Herrenbegleitung dem Floride nahetrat, sind rar.

F wie „Fenster" oder „Fingerklemmen". So lässig dahingesagt: „Mach doch mal das Fenster auf", ein harmloser Beifahrereinwurf - arglos wird der Wunsch nach Frischluft artikuliert. Kein Problem - vorausgesetzt, man sitzt nicht im R 4. Erinnern Sie sich noch an diesen fiesen Mechanismus? Nein? Sprechen Sie mit Ihrem Zeigefinger oder Daumen - die werden sich (das motorische Gedächtnis ist vor allem nach Schocks zu erstaunlichen Langzeitspeicherungen in der Lage) garantiert daran erinnern. Also los: Schiebefenster-Hebel erst ziehen, dann schieben, mit Nachdruck, aber ohne das Fenster in der Führung zu kanten, sonst katastrophale Folgen! So, nun ist der Daumen blau, der Fingernagel ab, das Fenster auf, und zu geht es wahrscheinlich eh nie mehr. Wir erlauben uns an

dieser Stelle einen fiktiven Auszug aus der R 4-Bedienungsanleitung, und zwar unter dem Stichwort „Fenster schließen": Es sollten mindestens zwei Personen an dem Vorgang beteiligt sein. Fahren Sie (sofern das Fenster während der Fahrt geschlossen werden soll), möglichst langsam rechts ran, halten sie an. Der Beifahrer begibt sich nach außen und unterstützt die Bemühungen des Fahrers (sanftes, aber nachdrückliches Ziehen am Bedienungselement) durch gefühlvolles und wohldosiertes Schieben des zurückzubefördernden Fensterteils. In hartnäckigen Fällen empfiehlt sich auch das Erwärmen (Streicheln entgegen der Fahrtrichtung) des Fenstergummis oder Führungselements (weichgängig machen).

G wie „Geld". Sie haben einfach zu viel Geld und wollen dringend und möglichst schnell was davon loswerden? Es empfiehlt sich die Anschaffung eines möglichst großen, teuren Renault. Nein, nein, Hände weg vom Espace. Wir denken jetzt eher an einen R 21, mit Vollausstattung. Auch eine möglichst aufwendige und für diesen Wagen maßgeschneiderte Stereoanlage sollte drin sein. Sie kaufen den Wagen (Barzahlung empfiehlt sich). Also los, reinsetzen, die Anlage einmal richtig auforgeln, da vorne biegen Sie rechts ab, dann die nächste wieder rechts und noch mal rechts. Sie fleezen sich in die Polster, rauchen eine (vorbeiaschen, Glut auf die Polster!), trinken 'ne Cola (kleckern!). Da vorne ist er ja schon wieder, Ihr Renault-Partner. Jetzt fahren Sie auf den Hof und fragen, was er noch für die Karre raustut. Sehen Sie! 10 Minuten Spaß und schon sind...na, wieviel Mark futsch?

H wie „Härtetest". DER Renault-Härtetest schlechthin? Nein, nicht die Espace-Tour mit sechs nörgelnden Kleinkindern (endlich mal mit den Müllers zusammen wegfahren) von Flensburg nach Rimini (nonstop). Nein, auch nicht die Tour München-Hamburg 1974 mit dem R 4, bei dem die Heizung nicht mehr ging, als sie mit der heulenden Ex-Torte (niederdeutsch für: Freundin) von Peter aus der WG von Woltersdorf auf Achse waren (es schneite und die Außentemperatur lag bei minus 4 Grad). Nein, DER legendäre Härtetest, bei dem zum ersten Mal echter Renault-Sportsgeist (bedenken Sie die Auswirkungen auf das Formel 1-Geschehen) zutage trat, fand im Juni 1902 statt. Das Rennen Paris-Wien bestritt Marcel Renault mit einer 26-PS-Karre. Ein kurzer Ausschnitt aus seinem Live-Bericht: „...war ich gezwungen, eine beträchtliche Anzahl Konkurrenten zu überholen, was in mir das Gefühl des Kampfes aufkommen ließ, und sicher die einzige Regung war, welche die Ermüdungen und auch die Gefahr ertragen half." Der arme Mann war vier Tage unterwegs, als erster im Ziel (trotz mehrfacher Speichenbrüche) und mit den Nerven zu Fuß.

I wie „Innenspiegel". Aus der beliebten Abteilung „Die Renault-Verarbeitungsqualität und andere Kuriositäten" widmen wir uns an dieser Stelle einem erstaunlichen Phänomen, das sicher zu Olims Zeiten als „gigantische Neuerung" auf den Fluren der Autoredaktionen gefeiert worden sein dürfte: dem an der Frontscheibe verklebten Rückspiegel. Das machen auch heute noch viele andere Autohersteller, aber kaum ein Rückspiegel hielt so schlecht, wie der des R 4: fröhlich schaukelte er im Rhythmus der Bodenwellen vor sich hin und schielte und spiegelte alles Mögliche in alle möglichen Richtungen - nur der Fahrer war vom Geschehen ausgeschlossen...

J wie „Jagdinstinkt" oder „Dänenschocken". Ein beliebter Sport Ende der 70er, zwischen Weihnachten und Silvester, auf dem Weg ins kollektiv gemietete Ferienhaus („Wir müssen uns mal richtig aussprechen"). Man kam spät los, Mutters Karpfen lag schwer im Bauch und die schnurgeraden dänischen Landstraßen („noch 120 Kilometer bis zu der Scheißbude") zerrten mit ihrem Tempolimit an den Nerven der Fahrgemeinschaft im R 4. Zeigte sich am Horizont ein entgegenkommendes dänisches Fahrzeug, wurde das Licht ausgeschaltet. War der arme Däne mit dem Chaotenfahrzeug auf einer Höhe, schockte man ihn durch jähes Einschalten des Fernlichts, was den Kontrahenten im harmlosesten Fall ins Schleudern und manchmal auch in den Graben brachte. Noch heute vertreten Soziologen die These, daß aus der Fraktion der „Dänenjäger" die späteren autonomen Zellen hervorgegangen sein sollen. Was leider nicht zu beweisen ist, da keinerlei statistische Erkenntnisse zum Thema vorliegen.

K wie „Karriere". Eine der erstaunlichsten automobilen Karrieren hat der R 16 mit Schrägheck absolviert. Die Tatsache, daß böse Zeitzeugen behaupten, er sei „das einzig vernünftige Auto, das Renault je gebaut und mit zukunftsweisender Funktion auf den Markt gebracht" habe und daß dieses „ein Versehen" sein müsse, soll an dieser Stelle keine Rolle spielen. Hier geht es um den Sturz von der Karriereleiter. Zunächst fest in Spießerhand, wechselte dieser Wagen auf direktem Wege in die Studentenszene. Weiter ging es ohne Zwischenstation auf den hochanständigen Mittelschicht-Gebrauchtwagenmarkt. Anfang der 90er erlebt der Wagen ein ebenso unvermitteltes wie unerklärliches Comeback als sogenannter „Youngtimer". Das sind Autos für Leute, die heute noch glauben, auch morgen könne ein Auto eine Super-Geldanlage sein. Motto: günstig geschossen - zehn Jahre konserviert - teuer verscherbelt.

L wie „Lenkradschaltung". Und noch mal R 16. Von seiner Lenkradschaltung schwärmen heute selbst verbissene Renault-Hasser. Die sei „weich wie Butter gewesen", sagt Kalle immer, und da hätte man „auch immer wieder gern über die Schwächen der Lenkung und Antriebseinheit hinweggesehen".

M wie „Mäusekino". Sie fahren R 25? Na wunderbar, dann wissen Sie ja, worum es geht. Sie sind selbst nach 45.000 Kilometern noch nicht in der Lage, ohne Anleitung den Tempomaten an- oder das Radio auszumachen? Mann, nun hören Sie doch auf, immer rechts ranzufahren und die Bedienungsanleitung durchzuforsten. Schnappen Sie sich ihre 15jährige Tochter - die wird Ihnen schon zeigen, wo es längs geht. Ach, Sie erschrecken immer noch, wenn Ihr Auto mit Ihnen spricht („Die Handbremse ist noch angezogen"). Mann, Sie sind wohl wirklich ein Spezialfall, Sie denken, daß Armaturenbrett sei unvollendet. Ach, geben Sie doch zu - ohne den Nachbarjungen kriegen Sie zuhause nicht mal den Videorecorder in Gang. Da ist so ein Renault-Mäusekino für anspruchsvolle Technochaoten und -kraten natürlich nix für Sie. Verkaufen, die Karre, sofort verkaufen, bevor Sie ausflippen, wenn Sie sich wieder im Dschungel der Rändelräder (Modell „Rowenta Toaster, Jahrgang 1963") verirren.

N wie „Null Fehler". 1988 veröffentlicht Renault ein 148-Seiten-Buch mit dem Titel „R 19". Auf Seite 74 verkündet das Werk den zauberhaften Anspruch beim Bau des R 19: „Das Ziel: Null Fehler". Nein, nein, nun verkneif dir mal jeden Kommentar, lieber

Leser („Wird ja wohl auch langsam mal Zeit", „Ach, wer hätte das gedacht" o.ä.). Genieße vielmehr, daß wir endlich Antwort auf drängende Fragen erhalten, und das auch noch in Hochglanz-Vierfarb. Ein Beispiel: Wie kommt´s, daß ein R 19 genauso langweilig aussieht, wie der andere? Antwort: „Alle aus der Presse kommenden Bauteile werden auf Maßhaltigkeit geprüft. Ein mit der Software Perceval verbundener Kontrollfühler untersucht regelmäßig die Krümmungslinien der Pressewerkzeuge, um eine fehlerhafte Formgebung von vornherein auszuschließen." Appetit auf mehr? 1988 erschienen, imprime en France, fünfsprachig, 148 Seiten, ISBN 2-9502942-0-0, Titel: „Renault 19", Preis auf Anfrage.

O wie „Opfermentalität". Es muß ja immer einen geben, der sich opfert, der sich hergibt für eine gute Tat. Warum immer so materialistisch denken. Und überhaupt, die deutsch-französische Freundschaft. Deshalb der Aufruf im Sinne der europäischen Idee: kauft französisch. Nehmt den Bordeaux aus dem Regal, eßt Camembert zuhauf, besudelt euch mit Chanel-Parfums - und fahrt Renault. Denn nur der Renault ist der echte Franzose. Der Staat steht dahinter. Deshalb kauft ihn auch jeder Staatsbedienstete in Frankreich, alles Anhänger der Subventionsidee. Überhaupt im Westen und neuerdings auch im Osten. Bis 1990 war beispielsweise die Marke Renault in der DDR schlichtweg abwesend. Nach dem Mauerfall wurde der R 19 der meistverkaufte Importwagen der FNL, also in den Fünf Neuen Ländern. Vor so renommierten deutschen Marken wie BMW, Audi oder der Deutschen Ford. Nun soll hier nicht der deutsch-deutschen Teilung das Wort geredet werden. Wir Wessis sollten nicht mit Häme über die Ossis richten. Sicher, es gibt immer wieder Unbelehrbare, die Renault kaufen und wieder Renault kaufen, und wieder Renault kaufen... Viele lernen es eben auf dem harten Weg.

P wie „Plein Air" (frz. für „Freizeit"). Sagt Ihnen was? Herzlichen Glückwunsch. Dann sind oder waren Sie Besitzer eines „Renault 4 Plein Air". Den bescherten die trendbewußten Franzosen der Flower-Power-Generation schon Ende 1969, indem sie den R 4 köpften und ein Plastikdach draufknallten (Modell: Hiiilfe - bloß-nie-schließen-müssen). Das exotische Fun-Car aus der Kategorie „Gib mir die Flex und ich mach dir aus jeder Karre ein Cabrio" kam ohne Überrollbügel („Sicherheit? Ha! Spaß!") aus und fiel vor allem durch garantiert designer-freies Styling und den Verzicht auf Türen auf. Die Halbwertzeit des „Plein Air" ist nicht weiter erwähnenswert. Wer heute noch einen kriegt - darf sich als König der Hebebühnen und Schweißaggregate fühlen.

Q wie „Qualität" und „Quiztraining". Beantworten Sie bitte folgende Frage: Auf welches Jahr datieren Sie den folgenden Ausschnitt aus der werkseigenen Renault-Historie?
Folgt Ausschnitt: „Eine große Anzahl Fahrzeuge laufen halbfertig von den Fließbändern und müssen nachträglich vervollständigt werden... Im Laufe des Monats Mai... werden ...Fahrzeuge ohne Werkzeugausrüstung geliefert."
a) das war wohl 1989
b) ich denke, das ist immer so bei Renault
c) 1946
Sie denken eigentlich, daß b) zutrifft, tippen aber doch eher auf c)? Herzlichen Glückwunsch. Sie bringen beste Voraussetzungen für die Teilnahme an einer deutschen Quizproduktion (TV oder Radio) mit. Sofort bewerben!

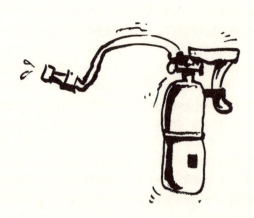

R wie „Ruderhaus". Nicht der beste Ruf eilt den Renault-Werkstätten voraus. Wenden wir uns den Anfängen zu, um dieses Phänomen zu ergründen. Die erste Renault-Werkstatt? Zuerst mal die Lage: am Ende der familieneigenen Gemüsebeete (sagen Sie jetzt nichts von Kraut und Rüben! Wir ergründen ein Phänomen, keine Vorurteile!). Die Werkstatt? Äh, ja, der abgelegte Bootsschuppen (Bitte! Alle Assoziationen von „Wasser, das einem bis zum Hals steht" sind verboten) des Rudervereins der Insel Seguin. Das Lager? Tja, da war noch ein Gewächshaus (Jetzt denken Sie wohl, das Glas sollte für besseren Durchblick sorgen? Albern!). Und für das Büro wurde ein Holzschuppen (Nein, nein, die ersten Renault-Schrauber waren keine Dünnbrettbohrer!) zusammengezimmert. Wann das war? 1899, im Februar. Und wenn Sie jetzt meinen, man könne daraus ernsthaft Rückschlüsse auf den heutigen Renault-Service ziehen, dann ist das einfach fies. Mensch, das ist 93 Jahre her!!!! Man muß doch mal vergessen können!

S wie „spinnender Tacho" - ein Accessoir, für das der R4 prominent war. Auf der Autobahn zeigte das Aggregat (bei Vollast) gern 135 km/h an. Weil sich der Pilot darüber hinaus (dank vibrierender Karrosserieteile, einströmender Winde, flatternder Reifen und rödelndem Motor) „wie 160" fühlte, spürte er das Recht der Straße, und verharrte ausdauernd auf der linken Spur - zur Freude „echt" schneller Wagen. Ein Phänomen, das dem R4-Fahrer langfristig seinen Stammplatz am Ende der nach oben offenen Autotypen-Beliebtheitsskala sicherte.

T wie „Test". Erfahren Sie in fünf Minuten mit vier Fragen - bin ich ein Renault-Typ? Der ultimative Kurztest zur Selbsterkenntnis.

1. Ich finde, das wichtigste am Auto ist, daß es Französisch spricht.

  ○ stimmt   ○ stimmt nicht

2. Es gibt Wichtigeres im Leben als funktionierende Bremsen.

  ○ stimmt   ○ stimmt nicht

3. Wichtig ist, daß ein Auto in Kurven rund läuft.

  ○ stimmt   ○ stimmt nicht

4. In der Formel 1 würde ich nur Renault fahren.

  ○ stimmt   ○ stimmt nicht

Sollten Sie auch nur eines der vier Statements mit „stimmt" bewertet haben - führt auch für Sie (jaja, Sie! Sie werden schon sehen!) über kurz oder lang kein Weg am Erwerb eines Renault vorbei.

U wie „Urwalddoktor". Der neue Chef stammt aus dem tiefsten Busch. Sagen wir mal indirekt. Denn Louis Schweitzer, Renault-Boß von Mitterands Gnaden seit Mitte 1992, ist immerhin der Großneffe vom berühmten Albert Schweitzer. Ja, dem Nobelpreisträger. Der Mann, der „Lambarene" zum festen Bestandteil eines jeden Kreuzworträtsels machte. Also, dieser Abkömmling von Cheetahs Stiefvater kam 1986 zu dem Staatsbetrieb und machte sich zunächst einen schönen Lenz. „Ohne besondere Aufgabe" - so sein Titel. Klar der Mann mußte sich erst mal ausruhen. War er doch vorher Kabinettschef, also Regierungsboß. Andererseits lernt man ja in solchen Jobs, wie man viele Steuerfrancs ausgibt, ohne eine besondere Leistung zu erbringen. Schweitzer kann auch aus dem Vollen schöpfen. Denn Vorgänger Raymond Levy gilt immerhin als Sanierer des Staatsbetriebs. 900 Millionen Mark Gewinn fuhr Levy 1991 ein. Damit war die Zehn-Prozent-Hürde (Anteil am Gesamtmarkt in Europa) wieder genommen. Schweitzer, es gibt viel auszugeben.

V Wie „Vorläufer". Der Urahn aller GTI's? Nein ehrlich, da gibt es nichts zu lachen, das war der R 4. Zumindest optisch. Da gab es diese kleine, knallharte R4-Fraktion, die ihren Wagen mit SP-Aufklebern, Wackelantenne und Rallyestreifen zum Rennmobil aufrüstete. Undenkbar? Ach was, nun wollen wir mal nichts verdrängen und nachträglich schönen, wir Sportflitzerfreunde. Zugegeben, es blieb ein Minderheiten-Programm, aber der R4 war und ist der erste echte Exoten-Renner, den unsere Landstraßen gesehen haben. Unvergeßlich, die Rennen, die sich diese harten Männer und Frauen mit den Käferfahrern lieferten (genau, da hinten, auf der langen Geraden mit der Allee, kurz hinter Stapelfeld, da war es!). Unerbittlich, gnadenlos balancierten sie mit ihren 135er-Reifen Richtung Höchstgeschwindigkeit, unter Mobilisierung letzter Kraftreserven, The Who im Cassettenrecorder, James Dean vor Augen...

X wie „X-Beine". Wir kennen sie alle, die armen Hascherln, mit den Scheuerknien. Menschen, die die Natur damit strafte, daß sie zum lebenden Energiewerk wurden. Bei jedem Schritt produzieren sie Strom, wenn die Beine aneinanderscheppern. Für sie war und ist die Pistolenschaltung ideal. Denn niemals kommen sie mit ihren abseitig stehenden Beinen in Konflikt mit der sonst in Mitteleuropa üblichen Schaltung ii Oberschenkelhöhe.

Y wie „Yuppies". Mit dem „Twingo" ist es Renault endlich gelungen, die „Yuppies" einzufangen. Daß es sich dabei um eine aussterbende Zielgruppe handelt, scheint nicht weiter zu stören. Getreu dem Leitsatz „besser zu spät als nie" attackiert man das Marktsegment vehement. Kaum gibt es von Renault endlich das Yuppie-Car - gibt es die Yuppies nicht mehr.

Z wie „Zahlen". Zehn ultimative Zahlen zum Thema Renault - zur Befriedigung aller Statistik-Freaks. Wußtest du, daß...
...das Zentral-Teilelager von Renault 28.000 qm groß ist?
...es weltweit 17.000 Renault-Service-Stationen gibt?
...in Europa rund 89.000 Mechaniker (offiziell) in der Wartung arbeiten?

...Renault 1990 weltweit 1.776.717 Pkw und Transporter gebaut hat?
...1971 genau 1810 Mitarbeiter für die Deutsche Renault malochten (davon 158 Azubis)?
...es 1991 noch 806 (davon 34 Azubis) waren?
...Renault 1980 DM 1.319.661.220,03 umsetzte und DM 5.073.803,75 investierte?
...Renault 1990 DM 2.561.850.449,03 umsetzte und DM 6.514.537,79 investierte?
...keine Sau erklären kann, wo die 3 Pfennig beim Umsatz herkommen, und wieso man 1990 nicht noch einen Pfennig mehr investieren konnte?
...550 Lkw weltweit dafür sorgen, daß täglich 64.000 Bestellungen rechtzeitig an die Filialen ausgeliefert werden?

ASTROLOGIE

Sage mir, auf welchem Stern du lebst, und ich sage dir, welchen Renault du fährst

Komm, gib es schon zu: Hast doch auch heute wieder ins Horoskop geguckt? Man glaubt ja nicht an so was. Eigentlich. Aber drumherumlesen kann auch keiner, nicht?! Enthalten doch diese kleinen Texte über Zukunft und Tierkreiszeichen so viel Wahres über uns, die Kohle, die Liebe und das Verhältnis zur Schwiegermutter betreffend. Wer's glaubt, ist selber schuld. Nur so wunderbare, wie hier präsentierte Weisheiten über Sternzeichen und Fahrgefühl sollte niemand versäumen. Also, auf geht's:

Stier - die Ruhe weg im Nevada (21. 4. - 20. 5.)

Nehmen wir am Anfang mal einen typischen Renaultfahrer. Den Menschen, dessen Geschicke gelenkt werden vom Zeichen des Stiers. Nicht mit donnernden Hufen, wie du jetzt vielleicht denkst, nicht von Kraft und bulliger Reizbarkeit getrieben, sondern auf leisen Sohlen kommt er daher. Der Stier rast nicht. Aber trotzdem geht's bei StierInnen - wie man heute emanzipatorisch so schreibt - zügig voran. Der Stier läßt sich von anderen Auto-fahrern niemals aus der Ruhe bringen. Nein, Blinken und Hupen auf der Autobahn kann ihn nicht beeindrucken. Der Mann und seine Tierkreis-Genossin haben die Ruhe weg. Obwohl es ihn - den Stiergeborenen - insgeheim schon ein wenig ärgert, daß dieser Depp von hinten ranrempelt und ihm auf den oft so eleganten, betont gedeckt gehaltenen Lack rückt.

Für den Stier ist das Auto vor allem Mittel zum Zweck, es muß deshalb geräumig, praktisch, aber auch irgendwie schick sein. Charmant und friedlich ist er, unser gar nicht so reizbarer Stier. Ganz wesentlich: Ein Stierfahrer wechselt nur ungern die angestammte Automarke - anders als die Vertreter anderer Tierkreiszeichen.Und die Marke des hartnäckigen Bequemlings heißt nun mal Renault. Der Stier-Mensch will problemlos einkaufen können, sein Wagen muß im besten Sinne kommod sein. Die Bierkisten - obwohl er den Gerstensaft

meist nur im Sommer als Durstlöscher trinkt -, also die Plastikkartons mit dem flüssigen Brot will er problemlos reinschieben können ins Gefährt. Kein Gehebe und Gewürge beim Beladen. Der Nevada, der ist es. Schon der Name: Der spricht doch für Weite und Großzügigkeit. Unser Stier ist ein Familienmensch, er ist naturverbunden. Der braucht Platz. Fürs Picknick, für den Transport von Pflanzen (Ficus Benjamini - der Liebling aller Stiere), für Camping oder die Tennisausrüstung. Aber wie kommt der Stier auf den Nevada? Eine lange Geschichte. Die StierInnen lassen sich nämlich gaaanz viel Zeit bei der Autowahl. Das muß wohlüberlegt sein. Immerhin soll das Fahrzeug nicht so viel an Wert verlieren. Wertbeständigkeit und Nevada - einer der größten Irrtümer der automobilen Geschichte. Dafür bietet Renault wie kaum eine andere Firma besondere Farbzusammenstellungen an. NevadafahrerInnen (es muß sein) und ihr Lebensgefühl harmonieren am ehesten mit Braun- und Grüntönen. Très bien.

Behaglich sollte es innen auch sein. Nun sitzt man ja in allen Renault wie Gott in Frankreich - aber der Stier entscheidet sich auf jeden Fall für ein automatisches Getriebe. Und Hubraum, nein das können Sie sich nicht vorstellen: Der Stier will einfach die Dinge in der Hand behalten - das Drehmoment ist ihm wichtig. Denn der Wagen muß im Falle eines Falles auf alles gefaßt sein.

So kommen wir zu einer der wenigen schlechten Seiten dieses Tierkreiszeichens: Der Stier ist zwar ziemlich genußsüchtig und charmant, aber er kann auch enorm rechthaberisch sein, pedantisch geradezu. Da zeigt er, meist ist es der Stier-Mann, doch glatt einen Verkehrsrowdy an. Schreibt sich das Kennzeichen auf und stiefelt zur Polizei.

Zwilling - wenn der Narziß im kleinen Twingo (21.5. - 21.6.)
Mal kokett, mal bieder. So unberechenbar wie eine Frühlingsbrise. Menschen, die sich keinen Stempel aufdrücken lassen. Sprunghaft sind sie, die Zwillinge. Lassen sich auf neue Moden ein - und ein bißchen bewundert werden, das mögen sie auch. Allerliebst, wenn das Auto dann auch noch vielzweckmäßig verwendbar ist. Einfach zu handhaben, elektronischer Schnick-Schnack stört nur. Was paßt da besser als der Twingo. Trendy ist das kleine Ding allemal. Eine originelle Karosse, nicht mit dem biederen Image eines VW oder gar Opels behaftet. Mit dem Twingo flaniert der Zwilling über Prachtboulevards, ohne zu protzen. Ganz wichtig: Das Autochen ist so neu und begehrt, daß es sich superschnell wieder verkaufen läßt. Das ist wesentlich für einen Zwilling. Denn er/sie möchte sich immer die Chance offen lassen, morgen vielleicht in einem unauffälligen Golf wieder in die Masse der Motorisierten einzuscheren. Das ist das Verschlagene im Zwilling. Dieses Gewinnstreben auf Kosten des eigenen Spaßes. Ansonsten sind Zwillinge eher scharfsinnig, kontaktfreudig und gesellig. Aber diese Untreue, auch und gerade im Kaufverhalten, davor wollen wir hier und heute warnen. Zwillinge wechseln die Marken und Modelle wie andere ihre Unterhosen. Und verdienen will der Zwilling daran auch noch. Deshalb wird immer mit einem Auge nach „gutgehenden" Autos geschielt. Der Zwilling ist der geborene Händler, der verkauft selbst dem Papst glatt ein Doppelbett.

Was will also ein Zwilling mehr als den Twingo? Mit diesem durchgestylten Auto besitzt der Zwilling-Mensch den idealen Zwittertyp. Von jedem etwas, nichts ganz. Deshalb liebäugelt der typische Zwilling auch mit einem Ferrari Testarossa, obwohl er ihn sich nicht leisten kann. Momentan. Aber irgendwann. Und bis dahin verkauft der Zwilling noch ganz viele kleine Twingos.

Krebs - Schonbezüge aussaugen im R 5 (22.6. - 22.7.)
Der Krebs ist umweltbewußt und sparsam dazu - das eine muß das andere ja nicht ausschließen. Also will er ein Auto fahren, das wenig herumgiftet und gleichzeitig so ausgereift ist, daß es keine großen und teuren Scherereien macht. Da bleibt bei Renault nicht viel: Ausgereift sind wenige, billig auch. Es sei denn.... ja, der R5 ist typisch für einen Krebs.

Generell wollen Krebse, man erkennt es an den stark ausgeprägten Sauberkeitsidealen, keinen Dreck haben. Nicht aus dem Auspuff, nicht im Wagen, nicht in der guten Stube. Da hat es jeder Wagen schwer, nur der R 5 macht es dem Krebs ziemlich leicht. Die Schonbezüge sind so dreckanfällig, daß Muttern Krebs liebend gern stundenlang darauf rumsaugen kann, um die Kekskrümel von anno dunnemal weg zu bekommen.

Es dauert bei unserem Krebs auch immer ein bißchen, bis er sich mit seinem Vehikel angefreundet hat. Wenn die Liebe dann aber da ist, scheint die Liason für die Ewigkeit: Und mit jedem gemeinsam verbrachten Fahrtag wird die Kette der Erinnerungen länger, was eine Trennung noch mehr erschwert.

Womit dieser so unglaubliche Zufriedenheitsgrad bei gleichzeitigem Dauermaulen über den typischen Krebswagen, den R5, erklärbar wird. Denn jeder, der mit einem Krebs zu tun gehabt hat, weiß: Dieser Mensch lebt vorwiegend in der Vergangenheit.

Und da Unangenehmes meist schnell vergessen wird, bleibt der R5 als lieber Begleiter in all den Jahren in bester Erinnerung. Wider besseren Wissens. Da sind erste Rostflecken kein Verkaufsgrund. Das spricht eher die fürsorgliche Ader eines Krebses an - die Werkstatt muß ja auch leben.

Außerdem sollte jeder mal selbst Hand anlegen - kleine Pickel auf dem Lack entfernt der Krebs höchstpersönlich mit Schmirgelpapier und Lackstift. Generell pflegt ein Krebs sein Fahrzeug liebevoll und akribisch - sein Kind könnte es nicht besser haben. Was Wunder, daß der Krebs gelegentlich mit seinem Wagen redet oder ein Kosewort benutzt, um das Blechding zu herzeln. Sollte die Situation es aber erfordern, daß der Motor über 3000 Touren gequält wird, entschuldigt sich der Krebs förmlich beim Auto. Es bleibt dabei: Der Krebs will möglichst eine dauerhafte Liason mit seinem Wagen eingehen. Marken-Verbundenheit treibt ihn seit Jahren zu Renault. Obwohl Krebsfrau und das maskuline Pendant eine starke gefühlsmäßige Bindung an ihre Heimat haben, überwiegt eben doch die Anhänglichkeit an den komfortablen, liebgewonnenen Kameraden der Landstraße.

Löwe - bin ich Heinz? Lieber einen Safrane (23.7. - 23.8.)
Im Tierreich der ungekrönte Herrscher, im Heer der Autofahrer eher der elegante Außenseiter, der Mensch, der etwas abseits vom pöbelnden Massenbetrieb zusieht, was da so passiert. Man ist ja wer, man hat's nicht unbedingt nötig. Was? Na ja, diese Kabalen um leere Parkplätze, diesen Firlefanz um Prestige und Ansehen.

Einen Porsche würde ein Löwe niemals fahren. Ein Igitt-Auto. Sportlich ja, schnell durchquert ein Löwe gern die Gegenden, wo es ihm gebietet. Auf Sylt oder in der Toscana würde einem sicher ein BMW Z 1- Roadster gefallen - der hat Stil. Aber alltags fährt man/

frau ein Auto, das riskante Fahrmanöver von sich aus schon ausschließt. Einen Safrane, diese herrschaftliche Limousine, mit einem Tick von Würde versehen. Einfach ein Auto, das nicht Hans und Franz fahren.

Riskantes ist eben nun mal unter dem Niveau eines Löwen. Womöglich auf kurviger Bergfahrt ein Rennen mit dem Herausforderer zu veranstalten - dazu läßt man sich nicht herab. Löwen wissen, daß sie sowieso die besseren Fahrer sind. Wenn es die anderen nicht erkennen, ist ihnen eh nicht mehr zu helfen.Bei allem Standesdenkenbehandeln Löwe und Löwin den anderen Verkehrsteilnehmer nicht abwertend. Zuvorkommend, großzügig, warmherzig, selbstbewußt natürlich auch. Warum also Angeben auf der Straße? Es geht in bestimmten Situationen also eher darum zu zeigen, daß man in Standesfragen keine Kompromisse schließen will. Deshalb läßt sich der Löwe auch ganz gern chauffieren. Reicht das Angesparte in der Portokasse nicht für den bezahlten Fahrer, müssen Ehefrau oder sonstige Lebensabschnittspartner ans Steuer. Immerhin soll das Feinkostlädchen in der Vorstadt zumindest ahnen, was für eine Ehre es bedeutet, daß er nun gerade vorfährt.

Da scheut sich der Löwe auch nicht mit seinem Safrane auf dem Golfplatz vorzufahren. Das hat wenigstens Stil. Mit einem Mercedes kommt doch fast jeder. Obwohl es den Löwen natürlich innerlich bald zerreißt, wenn er den konkurrierenden Geschäftsmann anfahren sieht - mit zwölf Zylindern in der Jaguar-Limousine oder gar einem Coupé der Stuttgarter.

Dann folgt ein kurzes nervöses „Ha" - dieses Lachen, bei dem der Löwe das Kinn gen Paris reckt und sich denkt: Meiner ist wenigstens neu, erste Hand, kein Null-acht-Fünfzehn-Ding vom Gebrauchtwagenhändler. Löwen fahren nicht nur Auto, sie fahren vor allem vor. Und wichtig ist, wer einen im richtigen Moment sieht und nicht, wer den Wagen im falschen Moment sieht. Im Zweifelsfall ist die Klimaanlage im Safrane für das frische Outfit wichtiger als der Spritgeruch, der den Angeber des offenen Edelsprinters umweht.

Jungfrau - Fahren auf lau im R 21 Beverly (24.8. - 23.9.)
Pedantisch seien sie, mißtrauisch, zynisch, und nörglerisch. Das sagen uns Astrologen. Positive Eigenschaften der Jungfrau sind angeblich: Zuverlässigkeit, geistige Beweglichkeit, Aufrichtigkeit und ihr großes Mitgefühl.
Sicher ist: Jungfrauen geizen mit ihren
Reizen. Nomen est omen. Entsprechend
fällt ihre Autowahl aus. Kompakt, kein
Auto zum Auffallen, sparsam soll er sein
- am besten eine Kombination aus moderner
Technik und Wertbeständigkeit. Dieselmodelle
stehen deshalb bei ihnen hoch im Kurs. Und
Modelle, die sich durch besonderes Flair und
Ausstattung auszeichnen. So was wie die
Beverly-Variante von Renault. Wahrlich,
das Spitzenimage interessiert die Jungfrau
dabei nicht - das wäre auch wirklich ver-
messen bei diesem auf edel gequälten
Ding. Die Jungfrau will ein Geschäft
machen. Und sie weiß: Diese Renault-
Limousine verkauft sich nicht überragend.
Also kann ich den Händler gnadenlos im Preis
drücken, handeln bis zum Abwinken. Und das,
was ich spare, fahre ich dann auf lau - bis ich

wieder verkaufe. Möglichst an einen Renaultverkäufer, der heilfroh ist, wenn er einen neuen Beverly-Ladenhüter vom Hof kriegt. Folglich nimmt er die gebrauchte Karosse in Zahlung, natürlich zum völlig überhöhten Preis.

So ist er/sie Jungfrau eben: ein notorischer Basarfan. Entsprechend unwichtig sind die automobilen Eigenheiten eines Wagens. Fahren muß er, klar. Aber sonst? Die Jungfrau hält sich an die Verkehrsspielregeln - Sicherheit steht obenan. Gewagte Überholmanöver sind tabu. Dazu weiß sie viel zu viel über die Dinge, die wesentlich sind.

Die Jungfrau will nämlich stets den Kern der Sache erfassen. Sie informiert sich optimal. Vor Fahrtantritt kurz noch einmal das Fahrtip-Buch von Rauno Altonen durchgearbeitet, diesem wunderbaren finnischen Rallyefahrer im fortgeschrittenen Alter, der seinen Namen unzähligen Schwarten als Autor schenkte. Wie dem hinreißenden Dauerbrenner „Wie bremse ich richtig auf Schnee und Matsch". Ein Titel, der in keinem Handschuhfach fehlen sollte. Welch Glück, wenn Sie eine Jungfrau mit R 21 kennen. Sie hilft gern mit dem Altonen-Buch, mitfühlend wie sie ist.

Waage - statt Protzen lieber ein R 19 Cabrio (24.9. - 23.10.)
Sie stehen für ästhetische Highlights im automobilen Einerlei. Die Waagen sind keine Protzer, quietschende Reifen sind ihre Sachen nicht. Aber niemand übersieht sie. Sie lieben ausgefallene Autos, die dennoch bequem sind. Oldtimer beispielsweise. Ein VW Käfer - das wär's. Oder, neueren Baujahrs, der schnuckelige Offene - ein R19 Cabrio.

Das hat alles, was das Waagen-Herz erfreut. Kultiviertes Styling bringt ein Luftikus wie der bei Karmann gebaute Renault ohnehin mit sich. Mit so einem Wägelchen kann die Waage an der Tankstelle vorfahren, und mit ihrem Charme wird sie es schaffen, den Tankwart hinter der Kasse hervorzulocken. Er wird ihr - an der Selbstbedienungszapfsäule - mit Freuden den Tank füllen. Die Waagen danken ja so reizend....

Um eines klarzustellen: Sie sind keine Gernegroß', die Waagen. Der Durchschnitt interessiert sie trotzdem nicht. Dabei möchte die

Waage immer die angenehmen Seiten des Lebens mit dem Autofahren verbinden. Schönes Wetter? Also rein ins Cabrio. Ein Tor, der keines hat. Überhaupt. Die Waagen haben etwas von Edith Piaf, Catherine Deneuve oder Jean Gabin und Monsieur President Mitterand. Elegant und ein wenig arrogant wirken sie schon - sind es aber nicht, nein niemals - denn irgendwie scheinen sie doch recht ausgeglichen zu sein. Unergründliches Frankreisch, Frankreisch. Sie gleiten auch mehr dahin, als daß sie fahren. Man achtet zwar auf die nötige Distanz zum Vordermann (bloß nicht in Chromfühlung mit dem anderen) und das Bremsen passiert mit gaaanz viel Gefühl. Doch lächeln sie auch sehr gern und intensiv dem Menschen im anderen Gefährt zu. Gesichtsmuskeln entspannen, das stärkt das Selbstbewußtsein.

Da mit dieser Haltung allein heutzutage kein Pfennig zu verdienen ist, muß die Waage gegen ihr Naturell anleben. Große Reichtümer erwirbt sie eh' nur mittels Erbschaften. Entsprechend klein ist das Budget für den Fuhrpark. Vom Rolls-Royce Corniche träumt sie, aber leisten kann sich die Waage doch nur das Cabrio vom R 19. Immerhin.

Skorpion - Rumgurken mit Bohrer im Rapid (24.10. - 22.11.)
Wir denken an Wüste und giftige Stacheln. Extreme. Und das ist typisch für die unter diesem Sternzeichen Geborenen. Sie tummeln sich gern in rauher Umgebung. Ein bißchen John-Wayne-Mentalität steckt in jedem von ihnen. Sie interessiert beim Fahren vor allem die Belastbarkeit des Motors - Drehzahl hochjagen und so was. Daß sie durch gefährliches Rumgurken andere gefährden könnten - das ist

halt Pech. Skorpione wollen Autos fahren, die allen Fahrsituationen gewachsen sind. Sie haben Schwächen für Geländewagen, aber sie mögen auch Vehikel, die Alltagskomfort beinhalten. Früher war das sicher auch der R 4. Und so ein Ding wie der Renault Rapide - das ideale Transportgefährt. Da kann das eingematschte Mountain-Bike nach der regengeschwängerten Bergtour einfach reingeschmissen werden. Und hinterher spritzt man das Transportauto schlicht mit einem Wasserschlauch aus.

Der Rapide ist für Skorpione so ideal, weil sie damit völlig aus der Rolle fallen. Skorpione brauchen dasGefühl der Überlegenheit. Dehalb fuhr auch die inzwischen fast ausgestorbene Spezies Homo alternativus dieses Vehikel so gern. Ein Mensch mit Durchblick kann sich ein derart spartanisches Auto leisten, rein imagemäßig. Skorpione wollen sich auch ungern in die Karten schauen lassen. Wer sieht schon in einen Kastenwagen von Renault hinein? Außerdem bevorzugen Skorpione sowieso verdunkelte Scheiben. Optimal: Im Rapide fehlen die Glasflächen ganz.

Skorpione sind ein bißchen eigenbrötlerisch. Wie sonst können wir uns erklären, daß sie Typenschilder, Zierleisten abschrauben, weil diese Attribute konkrete Aussagen über die Leistungsfähigkeit ihres Autos zulassen würden. Im Alltagsverkehr halten sie sich genau an die Verkehrsregeln, schöpfen sie aber auch voll aus. Sie werden es nie erleben, daß ein Skorpion 97 km/h fährt. Der Skorpion hält Tempo 100, stur und ohne wenn und aber.

Der Skorpion liebt es, möglichst wenig zu verbrauchen. Wenig Sprit - das ist top. Also freut er sich wie ein Schneekönig, wenn er unter sechs Litern verbraucht. Weniger erfreut ist der Skorpion, wenn ihn einer auf der Autobahn durch Schneiden ausbremst. Oder wenn einer ihm die Vorfahrt nimmt, dann wird er richtig giftig. Da kann es passieren, daß er eine regelrechte Verfolgungsjagd beginnt. Aber gemach: Eigentlich ist er sehr hilfsbereit, charmant und aufgeschlossen. Und wenn er im Rapide sitzt, kann er Ihnen ja nicht besonders gefährlich werden. So lahm wie die Kiste ist.

Schütze - Salonfranzosen rasen im Espace (23.11. - 21.12.)
 Schützen rasen nicht, sie reisen. Wie fast alle Renaultfahrer mögen auch sie die flotte Fahrt, aber riskantes Gurken liegt ihnen fern. Schmidtchen Schleicher ist nicht. Wäre auch mit einem Espace recht merkwürdig, oder? Die Kunststoffschaukel eignet sich doch zum Gas geben. Dennoch: Der Schütze will anderen nicht beweisen, daß er Käpt'n Bleifuß ist. Warum auch? Sie, die Schützen, treffen immer ins Schwarze, sie landen immer einen Treffer. Geborene Glückspilze. Minderwertigkeitskomplexe? Pourquoi? Mit Köpfchen fahren - das ist die Devise der Schützen im Verkehr. Sie halten im dicken Gewühl genügend Abstand, wie sie im echten Leben auch keinen Stallgeruch brauchen. Menschen, die sich morgens mit Parfum übergießen - womöglich noch von dem Salonfranzosen Karl Lagerfeld - sind ihnen genauso ein Greuel. Viele halten Schützen ob dieses Standesdünkels für arrogant. Aber weit gefehlt: Sie weichen von der Überholspur, wenn von hinten ein Rowdy angedonnert kommt. Was vergibt man/frau/schütze sich schon dabei? Selbstzweifel kennt der Schütze nicht. Wird er beim Rasen erwischt, sagt er sich: „Wenn man bedenkt, wie oft ich das Tempolimit überrunde, ist es doch toll, daß die mich heute erst schnappen".

Und liegt ein Termin an, wird gebrettert. In ihrem Fortbewegungsdrang lassen sich die Schützen ungern stoppen. Es sei denn, ihr soziales Gewissen steht dem entgegen. So eine kleine Zuckermaus im Mini kann er einfach nicht ausbremsen - da wird der Schütze gar zum Gentleman. Und der süße Typ in der Ente, den läßt die wilde Schützefrau auch schon mal einscheren.

Ein ungewöhnlicher Zeitgenosse - unser Schütze. Kein Wunder, daß es ihm beliebt, ein Auto zu fahren, das für ausgeprägten Individualismus steht. So eines wie den Espace. Der hat zu funktionieren, die üblichen Macken - wie die gebrochene Tachowelle oder die klappernden Wärmebleche - ärgern ihn zwar, bringen ihn aber nicht um. Warum Streß machen? Großzügigkeit ist auch bei der Ausstattung gefragt: Klimaanlage, Tempomat, Servo, ABS und Airbag - dazu die Super-Stereoanlage, alles hat seinen Preis. Es kann gar nicht gut genug sein für den Schützen. Die Fehler stellen sich ohnehin von alleine ein.

Steinbock - Biedermann voran im R 19 (22.12. - 20.1.)
Cool, aber niemals kühn - schrieb einst die große Tessier über den Steinbock. Die Grande Dame unter den Sterndeutern dieses Landes kennt die Tierkreiszeichen wie keine andere. Über den Steinbock verlor sie einige schmeichelnde Worte, die jeden, der einen kennt, ins Grübeln bringen dürften. Ein wenig bockig, ja sogar nachtragend kann er sein. Stur, geizig, geschwätzig gar. Dagegen stehen seine Höflichkeit, der Humor, sein Ehrgeiz. Der Mensch will allerdings auch ein seiner Stellung entsprechendes Auto fahren. Nichts Überkandideltes, aber auch nix mit Null-acht-fuffzehn-Image. Zuverlässig, sparsam und solide soll der Wagen eines Steinbocks sein. Golf - igitt, so deutsch. Opel Astra - Spießerauto, kein Flair. Ein Renault und dann den, der in jeder Werkstatt bestens versorgt wird - also den Renault 19 - wählt ein Steinbock.

Steinböcke sind sehr gewissenhaft. Ihr Auto ist gepflegt, sie sind sich nicht zu schade, an der Tankstelle über den Boden ihrer Karosse zu kriechen, um die letzten Brötchenkrümel rauszusaugen. Ölwechsel? Klar, machen sie sogar selbst, wenn sich andere nicht die Finger schmutzig machen wollen. Hab acht auch bei Verkehrsregeln: Der typische Steinbock leistet sich keine Regelüberschreitung. Immerhin ist man ja Vorbild - für Kinder, Ausländer, Polizisten und Politiker. Der Steinbock haßt Punkte in Flensburg, er hält also Abstand auf der Autobahn von Rowdies. Ordnung muß sein. So wechselt er auch nicht die Spur durch hektische Überholmanöver. Dazu kommt: Der Steinbock verabscheut Körperkontakt oder Blechknutscherei („Stoßstangen küßt man nicht, die werden poliert"). Der schlechte Mundgeruch seines Gegenübers macht ihn fertig. Greife lieber zum Orbit ohne Zucker - das Kaugummi gegen Knoblauchküsse und verbeulte Stoßstangen. Ein Steinbock weiß nun mal, was sich gehört. Wenn schon untergehen, dann mit Würde. Da paßt auch nicht, mit Bleifuß zu fahren. Ein R 19 powert gut genug - auch wenn's der mit dem Turbo ist. Man braucht ja Reserven, um im Notfall den lästigen Nebenbuhler abschütteln zu können.

Eleganz schätzt er ebenfalls - und die verspricht ein Renault. Als Familienmensch ist ihm Zuverlässigkeit wichtig. Nicht auszudenken, Klein-Lisa muß zum Onkel Doktor und die Karre springt nicht an. Man kennt ja Renault. Dann greifen wir lieber zum meistverkauften Typ, da muß das Vehikel einfach ausgereift sein. Und vor allem neu muß der Wagen sein. Gebrauchte mag der Steinbock nicht. Ein wenig herausheben will man sich ja doch aus der Masse.

Wassermann - wegen der Werbung den Clio (21.1. - 19.2.)

Anders als andere zu sein - das gehört zum Credo eines Wassermanns. Ein dufter Typ, aber nix da mit Allerweltsgeschichten. Die tanzen aus der Reihe. Und wenn diese oberaffengeile Werbung mit dem flotten kleinen Franzosen in der Glotze läuft - dann liegt das auf der Wellenlänge vom Wassermann. Die flotte Kiste - wie heißt sie denn bloß - kurvt mit der schicken Brünetten und ihm, dem smarten Knilch, in Cannes an der Promenade rum. Er steigt aus, guter Sitz von Hose und Haar, und alle Welt steht Spalier. Nur wollen sie den Wagen mit der Frau sehen. Ja genau, Clio heißt das schnieke Ding. Ein typisches Wassermann-Auto. Da züngelt das Temperament, das der Wassermann so liebt. Wendig, spritzig das Autochen. Das richtige für die City. Und zwei Freunde zwängt er auch noch rein - ein Wassermann fährt nicht gern allein. Wer sich zu ihm ins Auto wagt, kann allerdings sein blaues Wunder erleben. Der Mensch fährt nämlich manchmal wie 'ne Sau. Springt im Kolonnenverkehr von Lücke zu Lücke. Schon um sein Ziel recht bald zu erreichen und auch, um dem Gefühl des Eingesperrtseins entgegenzuwirken. Die rasen ganz schön, wenn es sein muß und es der Clio erlaubt. Dabei verlieren sie aber nicht häufiger den Führerschein als andere. Die Wassermänner sind einfach clever, und sie haben es vermutlich im Urin: Sie ahnen die Gefahr, die Bullizei wittern sie.

Spontan und intuitiv, wie sie sind, vertrauen sie immer ihrer inneren Stimme, und machen das Richtige. Das ist natürlich nichts für Mitreisende mit schwachen Nerven. Aber die sollten sich einfach ablenken lassen, am besten von den Wassermännern selbst. Die sprühen ja vor Lebenslust. Hier ein joke, da ein Kompliment. Wie von unsichtbarer Macht behütet, kommen alle dann auch sicher ans Ziel. Ein Segen, wenn man bedenkt: Man sitzt immerhin in einem Renault.

Fische - radikalsozialistisch im R4 (20.2. - 20.3.)
Lebensmotto vom Tierkreiszeichen Fisch: Nichts ist von Bestand in dieser Welt - auch das Auto nicht. Deshalb fährt er gern gebrauchte Wagen, möglichst bequeme. Und was paßt besser zu diesem verträumten Typus Mensch als der klassische Franzose - nach der Ente wohlbemerkt? Der R4 natürlich. Diese Schaukel mit Revolver-Schaltung („Würg ihn rein, Django"), die heute schon ein wenig von einer anderen Welt ist. Wie ein Fisch, der ein überzeugter Romantiker ist.

Bleibt der Fisch im Stau stecken, ärgert ihn das weniger als andere. Kann man doch in der Blechlawine stehen und dies als zusätzliche Mußestunde nutzen. Ein schönes Debussy-Konzert, von Klassikradio in den scheppringen Apparat eingespeist, das ist es. Oft hat der Fisch aber auch in seinem R4 eine Superanlage - Musik ist ihm nämlich wichtig. Wichtiger als der technische Fortschritt seines Autos. Überhaupt Technik. Wen stört's, daß der R4 keinen Katalysator hat? Der Fisch will erst kommod fahren, bevor er auf Umwelt abfährt. Das Rasen liegt ihm dennoch fern - ist ja auch bei einem R4 ein Witz. Verkehrsrambo ist der Fisch auch nicht. Verbissenheit geht ihm ab - der Kerle ist eher ein Bruder/eine Schwester Leichtfuß. Getreu dem Boris-Becker-Motto: Es gibt Wichtigeres als Tennis und Verkehrsregeln.

Dabei möchte er allerdings niemals einen anderen gefährden. Der Fisch-Mensch ist in dieser Frage eine Art Radikalsozialist. So kümmert er sich bei Unfällen sofort und aufopferungswillig um die Verletzten, wenn es denn welche gibt. Die Formalitäten für die Unfallabwicklung interessieren ihn dafür um so weniger.

Nach derartigem Streß gilt sich erst mal zu erholen. Das klappt nirgends besser als in dem weich gepolsterten Ledersitz eines riesigen Citroen - auch so ein Fisch-Traumwagen - oder in den weich schwankenden Leinentuchüberziehern eines R4. Und wenn das eckige Ding so wunderbar nostalgisch hin - und herschaukelt, ist das Fisch-Glück vollständig.

Widder - über die Fahrbahn rubbeln im Alpine (21.3. - 20.4.)
Der Widder will immer der Schnellste sein, und er ist es auch. Bevor andere auch nur ahnen, daß da vorne ein Stau droht, ist der Widder längst beim dritten Spurwechsel und abgebogen. Stets auf der Überholspur des Lebens. Und da sitzt man nicht einfach hinterm Steuer, da wird automobiles Können vorgeführt. Nichts paßt da besser als die Renault-Kraftmaschine, als der Alpine. Der Widder braucht Kraft unterm Hintern, Reifen müssen auf der Fahrbahn rubbeln - das muß qualmen. Überholimage auf den Autobahnen ist dem Widder wichtig. Es muß ja nicht immer ein Porsche Carrera sein.

Obwohl es ja so viele Ignoranten auf deutschen Autobahnen gibt, die nicht einmal wissen, was da von hinten auf sie zugerast kommt. Alpine? Ist das nicht ein Joghurt oder eine Allgäuer Schokoladenmarke? Andererseits halten viele dieser Unwissenden die Flunder auch für einen Lamborghini. Was will man mehr. Dieses legendäre Ding, der Überrenner der Franzosen, ist nun mal was für Draufgänger. Für Leute mit rassigem Fahrstil.

Kriecher bringen die Widder-Geborenen auf die Palme. Zeit vertrödeln, wo kommen wir denn da hin. Aber, das zur Ehrenrettung der Widder: Wenn's brennt, sind sie da. Mit ihrem roten Renner, ein Ferrari kann es übrigens auch sein, donnern sie heran, wenn ein Problem vorliegt und legen sofort mit Hand an. Die Jungs und

Mädels vom Widderstern sind direkt und freundlich, offen und ehrlich.

Wird einer mal beim Rasen erwischt, hat also die ganze Vorsorge mit Radarwarngeräten nichts geholfen, ist es halt Pech. Reue kennt ein Widder nicht. Und schon am nächsten Tag wird er versuchen, den Stau durch einen Schlenker über den holperigen Feldweg zu umgehen. Verkehrsregeln sind dazu da, nicht eingehalten zu werden. Keiner hat so treue, unschuldige Augen wie der Widder-Sünder. Er bettelt mit Dackelblick um die Nachsicht des Beamten und findet derart schöne Worte, sein Vergehen zu verharmlosen, daß man ihn eigentlich schon wieder knuddeln möchte, diesen Hallodri.

Klar, daß dieser Mensch einfach gut fahren muß - denkt er. Wenn dennoch eine Alpine im Graben landet, war mal wieder die schlechte technische Verarbeitung Schuld. Beim Neuwagenverkauf werden wir trotzdem den Widder niemals an einen dieser Schmalspurrenner von Nissan oder Mitsubishi herantreten sehen. Denn nur Renault habenautos zum Leben, Autos zum Leben.........